LÜSHI
ZHI DAO
YIGE HEHUOREN LÜSHI DE
XINLU LICHENG

律师之道
一个合伙人律师的心路历程

张刚 著　张文骁 图

Zhang Gang

知识产权出版社
全国百佳图书出版单位
—北京—

图书在版编目（CIP）数据

律师之道：一个合伙人律师的心路历程／张刚著；张文骁图．—北京：知识产权出版社，2020.1

ISBN 978 - 7 - 5130 - 6683 - 9

Ⅰ．①律…　Ⅱ．①张…　②张…　Ⅲ．①律师—工作—中国—文集　Ⅳ．①D926.54 - 53

中国版本图书馆 CIP 数据核字（2019）第 295376 号

责任编辑：唱学静　　　　　　　　　责任校对：谷　洋
封面设计：张新勇　　　　　　　　　责任印制：刘译文

律师之道
——一个合伙人律师的心路历程

张刚　著　张文骁　图

出版发行：	知识产权出版社 有限责任公司	网　　址：	http://www.ipph.cn
社　　址：	北京市海淀区气象路 50 号院	邮　　编：	100081
责编电话：	010 - 82000860 转 8112	责编邮箱：	ruixue604@163.com
发行电话：	010 - 82000860 转 8101/8102	发行传真：	010 - 82000893/82005070/82000270
印　　刷：	北京嘉恒彩色印刷有限责任公司	经　　销：	各大网上书店、新华书店及相关专业书店
开　　本：	880mm×1230mm　1/32	印　　张：	11.625
版　　次：	2020 年 1 月第 1 版	印　　次：	2020 年 1 月第 1 次印刷
字　　数：	214 千字	定　　价：	49.00 元

ISBN 978 - 7 - 5130 - 6683 - 9

用心、用情与用意

在仔细观察周围那些优秀的人时，我一直试图在寻找一个可以概括他们品格的词，比如那些令人印象深刻的词语：认真、靠谱、激情、开放、大气等。

但是要找到这样一个词，一个足以概括他们做事、为人皆为优等的词，一个可不够，我得用一组词来描述。

那就是：用心、用情与用意！

让我羡慕与敬重的是，以上"三用"，本书的作者张刚律师都做到了。

张刚是一个对事业用心的人。

张刚律师从 2006 年甫一毕业就坚定地选择律师职业，确定了一生"挚爱"。其间，他克服了种种困难，十四年如一日、专心专一地做好每一件哪怕再小、再麻烦的案件。

我为张刚 2017 年出版的《平凡之路》一书作序时说过，张律师的律师道路起步之初，接手的大都是棘手难缠的案件，遇到的大都是那些走投无路或孤注一掷的当事人，但是他却百折而无悔，忍辱负重，历尽险阻，独自吞下委屈，从缝隙中掘取一点法治阳光留给他人。

一名律师，如果没有对其职业的热爱，没有极强的正义感与使命感，没有过硬的专业素养，是很难服务好当事人的。

在本书中我们会感受到他全力以赴、坚忍不拔的精神：他一年 5 次往来于西藏，在山高水长、高原反应严重的拉萨，竭尽己力帮助客户拿回工程款；他为了帮助客户拿回执行款，给执行法官打电话不下 50 个，亲自去找法官不下 10 次；他不计利益，真诚帮助上访 18 年的中年男人放下怨恨回归社会……正是这些非常普通的案件，读起来却令人格外动容。

用心，需要专注的力量，张刚律师做事的专注令我自叹弗如。也许是源自他小时候在"粘知了"游戏中锻炼出来的品格，他在执业时能忘情工作，有时竟入今夕何夕之境。

一生只做一件事，就是专注的力量。

张刚律师是一个对亲友用情的人。

文如其人，张刚的文字，充满着人文关怀，真诚、有趣、明亮。生活中的张律师，也是一副古道热肠，踏实、温暖、可信赖。

剑胆常伴琴心，侠骨不乏柔情。张律师是一位热爱家人的好男人，懂得享受生活，烧得一手好菜，能给儿子做惟妙惟肖的手工。

他与夫人的爱情生活，充满着浪漫与温馨。无论是贫困还是富足，无论是辗转还是安定，从山东求学辽宁、从辽宁就职北京、又从北京定居上海，他都会营造出家庭生活的闲适与温情。在阳光家庭中成长的儿子张文骁自然懂事周全争气，学业亦大有成，在美国一家艺术专业名列前茅的大学读书，走上学习动漫插画的艺术专业之路。

我们从 2003 年相识，至今已逾 16 年，两个家庭就像亲人一样相互扶持、相互砥砺。漂泊在京沪，想起他与嫂子，就会有一种温暖的力量在内心涌动。正如他在书中所说，能够相处十年的朋友，就成了终生的知己。

张刚律师虽经历了社会环境的严苛考验，见识过形形色色的人，"三观"接受过挑战，但他是从山东泰山脚下走出来的受过孔孟思想浸染的汉子，一直保持着正直、朴实、善良、果敢的品质，没有沾染社会的坏习气。他常说，母亲的善良和坚忍，已经成为支撑他不断前行的初心。

张刚律师富有同情心，重义轻利，很多委托他的客户，事后主动跨越由合同建立起的代理关系，与他和他的家人结为无功利交往的挚友或亲人。

张刚律师是一个对生活用意的人。

如果说，一个男人做好工作是本分，善待亲友是责任的话，那么如何跟自己相处，跟自己和解，则需要心力与智慧。

做律师久了，难免跟人性的负面打交道，于是往往先是会产生代入感，再之后就有沉重感，甚至心生千千结。张刚却能够做到在用力过活的同时，认真却不较真，比较却不计较。

一沙一世界，一树一菩提。张刚文字里，有青藏高原的白云，有宜春明月山的飞瀑，有江边黄鹤楼的日暮，有古西域风情的戈壁。

别人眼里的出差奔波，是疲惫不堪，但在张刚眼里是一种修炼，忙里偷闲，捕捉闲情野趣，阅尽世情百态，揽尽大好河山。既有气吞万里的胸襟格局，又有碎屑繁杂里的练达洒脱。

茶中有真味。张刚是爱茶之人，我也跟张刚学会了喝茶。

张刚律师在茶里悟到了生活的真谛：喝茶久了，渐渐感觉香味淡了，于是不再去挑剔茶的品种，不再去苛求茶的贵贱。真味是淡，至人如常。

人到中年，阅尽世事百味，你会发现世上大多数人沉迷在"事"里忙，来到这个世上就是为了做事吗？做事之前先要做人，人比事大。通过做事结下良好的人际关系，通过写作找到安放自己内心的方法，张刚律师有了对生活用意活着的载体。

　　读他的文章，如沐春风里，能在悠闲中获得生活的真谛，能在娓娓道来的平淡中体会到真意，因为他的一切文字源于他的真实和真情，以及对工作与生活的热爱。

　　一本书，一杯茶，在一个星空璀璨的夜晚，就足以安放你的灵魂。期待看了这本书的读者，你和我，约上张刚，三五知己、三两小酒、三四个小菜，畅谈适意人生。

董冬冬于上海

2019 年 8 月 17 日

目录

修身篇

·桥和建筑·

低调做人，乃大智慧

唐玄宗深夜去找中书令萧嵩，让他起草一份诏书，其中有一句"国之瑰宝"，唐玄宗认为"瑰"字犯忌，需要修改，萧嵩在室内磨蹭了大半夜，才把"瑰"字改成"珍"字。皇帝等得不耐烦了，但还是认为萧嵩办事认真，值得赞扬。我们今天看这事，其实改一个字，对于有点文采的萧嵩来说，根本不是个事儿，为什么他偏偏让皇帝在门外守了大半夜？琢磨半天，想到俩字：藏拙。

我又想起另一个故事，苏联一个作曲家是世界级的艺术大师，斯大林找他为国歌作曲，他第二天就交出作品，而且自我感觉良好，结果斯大林没有录用，反而用了另一个不知名的曲子，因为这个曲子的作曲家花了三个月才写出来。著名作曲家落选的原因估计是因为不懂"藏拙"这俩字。

如果我在大学毕业前看到这些故事，后面就不会犯错误了。

我大学毕业后被分配到师范学校，不久又被借调到当地的一所高中代课。那时年轻气盛，课前备课很认真，几乎达到背诵的程度，为的是上课时不带课本，学着大学教授的样子，可以跟学生显摆显摆，当时确实引起学生的极大兴趣和关注。有一次，我正上课期间被学校领导突击听课，课后被领导叫到办公室训话，狠狠批评了我一顿：尽管你的课讲得很熟练，但是两手空空去上课是不对的，是对课堂的不尊重，应该好好检讨！

事后，我做了一个深深的检讨，同时我也明白了一个道理：做人不能太高调，不能逞能，态度很重要。

以后做律师了，有人就质疑我，你不善言谈，能做好律师吗？

做律师之前，真的以为律师需要口若悬河，滔滔不绝，唯恐自己不行；做律师之后，发现不是这样的。更多的时候，不是你说得越多越好，而是要不断地学习怎样少说为佳。

俗话说，有理不在声高。律师在法庭上完全可以用不着大声嚷嚷，唯恐法官听不见。有一次开完庭在法院门口听见几个法官聊天，只听见一个法官说："真让那个律师吵死我了，对着话筒声音还那么大，我的耳朵都快被震聋了！"把其他人笑个半死。

律师也完全不用在法庭上反复地讲一个观点，其实说一遍，法官就听明白了，书记员也记录了。说话是你的权利，但简洁是你的义务，絮絮叨叨，没完没了，只能是惹人反感，得不到尊重，浪费大家的时间。

律师也完全不用抢着发言，强词夺理，法官会给你说话的权利和机会。

因此，我就养成了一个风格和习惯：当说必说，简明扼要，绝不啰唆，更不会咄咄逼人。虽如此，却柔中带刚，句句在理，刀刀见血。这样也就获得了更多法官的尊重，以及对方代理人的尊重。

推而广之，其实，做人也是同样的道理。

最近看到一句话，我非常赞成：学说话，只需一年，学闭嘴，却要一生。说话，是人的一种本能；闭嘴，却是一种修行。

古人云：桃李不言下自成蹊。做人做事，不能急于求成，首先要修养人品，为人真诚，严于律己，不矫揉，不造作，平易近人。修为到了，自然就有朋友，自然就有客户。

低调做人，是一种品德，一种风度，一种修养，一种胸怀，一种智慧。

宽容是一种风雅

说起宽容，不得不谈到两个历史人物。

武则天掌政时，身为宰相的娄师德与大臣一起上朝，因为他肥胖，走路太慢，一个比他级别低的同僚情急之下喊他"乡巴佬"，其他人大惊失色，他却自嘲地说："大家都是贵人，我不做乡巴佬谁做乡巴佬？"

娄师德的弟弟被任命为刺史，临行前娄师德问他："我们家族权高势大，如果有人嫉妒，你怎么做？"弟弟信誓旦旦地说："如果有人往我脸上吐口水，我绝不动怒，自己擦掉就是了。"娄师德跺着脚生气地说："错了，错了！"弟弟赶忙请教，娄师德说："人家唾你，是因为人家生气，你若是擦掉，人家不更生气吗？一定要笑着让它自己干掉！"

狄仁杰为相时，娄师德被排挤，武则天问狄仁杰：娄师德这人怎么样？狄仁杰说这人没有什么才能，武则天说，你就是他推荐的，狄仁杰羞愧难当。

我认为，在朝不保夕人人自危的武周朝代，能够有如此德行和雅量，堪称古代第一人。

另一个是郭子仪，他平定安史之乱后，手握重兵，功高盖世，但从不骄纵，反而为人低调。他经常单闯敌营，叛将闻其大名无不躬身下拜，一人可当百万雄师。一次他出征在外，宦官鱼朝恩出于嫉妒找人掘了他的祖坟。人人都以为郭子仪定会大怒，带兵杀回京城找奸人报仇。然而郭子仪一人入朝，跪在皇帝面前哭泣："请皇上降罪，是臣带兵无方，以致遭此报应。"皇帝和鱼朝恩都感叹郭子仪的德量。后世赞称他"权倾天下而朝不忌，功盖一代而主不疑"。这是对他高风亮节和宽容大度的最好诠释。

作为律师，打交道最多的首先是客户。有时候你辛苦的劳动不被客户理解；有时候客户对你提出过分的要求；有时候客户也会发脾气，对你不客气，怎么办？如果你是一个斤斤计较的人，是一个心胸狭窄的人，自然是不甘遭受委屈，第一反应就是为自己辩解，第二就是恼怒，最后可能就是散伙。有些律师，认为自己是大律师，高高在上的样子，听不得别人有任何不同的声音，看不得别人一丁点不热情的脸色，动辄使性子、发脾气、拿架子，最后可能是失去自己的客户。

应该多找找自身的问题，是不是沟通不及时啊？是不是交流没耐心啊？是不是语言有障碍啊？是不是行为有误解啊？子曰："吾日三省吾身，为人谋而不忠乎？与朋友交而不信乎？传不习乎？"这样多想想，有时候就释然了，只要他们对事不对人，客户还是你的客户，朋友还是你的朋友，何乐而不为呢？

其次，对于大多数律师来说打交道最多的就是法官。平心而论，绝大多数法官是好的，律师应该尊重他们，一是因为他们有决定案件的生死权，二是他们确实辛苦，日夜操劳，经常加班。但也难免会遇到一些不好交流的法官，脾气大的，自命清高的，不负责任的，不专业的，甚至腐败黑暗的。

如何应对？一味对抗吗？我看不行，应该区别对待。

性格和脾气，是每个人长期形成的，不好改变，那就改变自己，学着适应，忍着点！忍一忍，海阔天高！

有一次，一个书记员特意交代我，我们这个主办法官很有个性，你给他打电话时一定要听他讲完话，不要打断他，要有耐心。我非常感动，她好意提醒我，可能是很多律师曾惹怒了法官，吃了亏，结果我和那个主办法官沟通很顺畅，因为我是一个喜欢倾听的人。

年轻的法官，就得多加交流，耐心沟通，帮助他！我遇到过有的法官，可能是因为刚入职没有经验，对于建设工程的案子不是很专业，我就给她找很多相关判例和法律法规，甚至写成论文，让她参考。

不负责任的法官也有，我们可以据理力争，提醒他，督促他！我们不是有很多案子在二审发回重审，甚至直接改判的吗？

法官队伍里也有腐败分子，我们就要誓死抗争，绝不妥协！

事实可以证明：落马的高官，背后都有见不得人的丑事，他欠的债，迟早要还的。

然后是检察官和警察。说不定哪一天他成为你的同事，或者你成为他的战友，所以彼此尊重和宽容，才是法律职业共同体应有的态度。

宽容是一种风度，是一种雅量。娄师德的忍辱负重，我们难以企及；郭子仪的高风亮节，我们只能望洋兴叹。可是作为普通人的我们应该好好学习他们的精神，时刻为别人着想，宽以待人，严于律己，何尝不能成为君子呢？

真诚，立人之本

真诚，本是人之应有之物，因为这个物欲横流的花花世界，才使之变得极为稀有，难以找寻。

何谓真诚？

真诚的人，表里如一。

真诚需要用言行表达出来。语言是最直观最重要的表现方式。

人有两面性，一个是内心的修养，一个是语言的表达，前者是通过后者表现出来的。言与心的统一，是最为完美的，但往往二者差异很大。有的人词不达意，有的人言过其实。前者如韩非，口吃，但不影响他是一位伟大的法家思想的集大成者；后者不计其数，如浮夸的演讲家，吹牛皮的伪君子。

现在流行一句话：我们常常是用大半生去学习怎么讲话，后来发现刚刚学会讲话，就要学习怎么闭嘴。会说话是一门学问，说话有分寸更是一门艺术，最能体现一个人的基本修养。会说话只是情商高的表现，而高情商的核心是真诚和善良。离了这两点，再会说话也只是巧言令色，惹人反感。

君不见，法庭上口舌如簧的律师和当事人，常常被法官打断讲话，要求围绕焦点，不要重复。其实法官在告诉你：废话太多。我一直不理解：你讲那么多废话干啥呢？

表面上的会讲演，永远抵不过骨子里的真善美。做事先做人，最重要的还是真心诚意，有一颗善良、真诚、正直的心，就算没有妙语连珠，少些套路，多些真诚，仍然可以被人发自内心地认可。无论多么华丽的语言都无法掩饰一个人内心的伪与恶，同样，无论多么笨拙的语言也不难表达一个人的善良与真诚。

真诚的人，不会掩饰自己的缺点。

明末散文家张岱说过："人无癖不可与交，以其无深情也；人无痴不可与交，以其无真气也。"意思是，真诚的人，比看似完美无缺、左右逢源的人，更值得交往，这才是真正的情商。

真诚的人，并不完美，反而有很多缺点，也很容易暴露自己的缺点，但与之交往的人反而喜欢他，为什么？就是因为他的真诚。

俗话说，人无完人，表面看似完美的人，其实他成功地掩饰了自己的缺点，或许有一天就是这个缺点，害了你。

知之为知之，不知为不知，要有老老实实的态度，知错就改，虚心学习，才是真诚的表现。

真诚的人，不刻意去与人争。

老子说："圣人之道，为而不争""夫唯不争，故天下莫能
与之争"。

我以为，加强自身内心的修养，提高自己的专业能力，告诉
你的客户，是就是是，不是就是不是，这就是真诚的表现。修为
到了，水到渠成。你家的梧桐树种好了，凤凰自然会来。这个客
户是你的，他早晚会来找你，哪怕转了几个圈；不是你的，你去
强求，也没有用，他反而会离你更远。谁相信，整天在法院门口
发名片，拦住一个当事人就问"找律师吗"的人，有一天会成为
大律师？君不见，整日钩心斗角，争权夺利的官场老虎，最终纷
纷身败名裂，身陷牢笼。

真诚，立人之本。我的座右铭。

律师呼吁：
诚信，是依法行政的基础

先讲三个历史故事。

战国初期，魏国第一位国君叫魏文侯。一天，他正和大臣喝酒聊天在兴头上，突然天下大雨，他惊呼一声："坏了，差点忘了一件事！"赶忙起身往外走，大臣问："何事？"他说他和守林人约好今天去打猎，不能爽约啊。大臣说："还没喝完酒，天又要下雨，就别去了！"魏文侯说："打猎不成，也要去说一声，不能让人家等着。"说完就快马加鞭地走了。此后，这事传开，魏国国君的美名也来了。

春秋时期，晋文公帮助周襄王安定了王室，周王便赏他四座城，其中原邑的首领为了抗拒晋军，散布谣言说，晋军凶残，滥杀无辜，不能归顺。晋文公于是率军攻打，原邑军民决定誓死抵抗。晋文公就与原邑人约定，如果三天内攻不下城池，晋军就撤兵。战役打到第三天傍晚，城中有些人知道了真相，是他们首领说谎，于是他们决定第二天一早偷着打开城门。消息传来，晋军听之振奋，晋文公还是决定班师回朝，他对劝他改变主意的将士说："品行是一个人的最大财富，我不能失信于人，否则将来谁还信服于我呢？"后来原邑主动投降，臣服于晋文公，就是因为他的诚信。

大秦用商鞅变法，商鞅制定法令后颁布前，让人在南门放一根木头，约定谁能将这根木头拿到北门，可以赏金 10 两，没有人去，当赏金提到 50 两时，有人敢去试试，结果他真的拿到 50 两金子。一时间秦人奔走相告，法令颁布后，效果极佳，秦国成为强国，为后来统一六国奠定基础。

魏文侯不失信于守林人，晋文公宁失城不失信，商鞅不失信于百姓。三个故事都在讲两个字：诚信。

我们今天的经济发展得非常快速，快于以往任何历史朝代，但往往会带来一些负面问题，其中就是人和人之间的诚信逐渐缺失。

市场经济的高速发展，必然带来利欲熏心的负面产品。

作为朋友，好心借钱给你，你却迟迟不还，张口和你提起，还得罪了你，甚至和我玩失踪。难道你不知道，诚信是朋友之间最起码的道德规范吗？

我花钱买了你的酒水，回家一看，不是掺假，就是全假；你还在猪肉里注盐水，鸡蛋里放苏丹红，炒菜里加地沟油，牛奶里放三聚氰胺。黑心的商人，难道你不知道诚信是做人之本吗？

我好不容易中标你的工程，然后起早贪黑给你施工建设，到头来你拖欠我的工程款，无良的业主啊，当初签合同时的信誓旦旦，都抛到九霄云外去了吗？

我认为，诚信不仅是立人之本，是依法行政的基础，也是治国之本。

立法者要诚信于民。

制定法律法令，不能朝令夕改。近期有当事人来咨询一起案子，说某省教育厅于 2017 年 10 月 18 日发布一高校招生通知，他们根据这一通知在当地报名参加高考，并通过资格确认，结果教育厅于 11 月 20 日又发一文，改变了报名条件，根据后一文件他们不符合报名条件了。一月有余，同一行政机关连续发布两个前后不一致的文件，直接影响了考生的权利，明显属于朝令夕改，同时也违反了行政法的信赖保护主义原则。

司法者要诚信于民。

法官是裁判者，决定当事人案件的命运，具有至高无上的神圣权力。作为律师，我们都知道一定要信任我们案件的承办法官，因为他的建议建言几乎都是"圣旨"。

我去年有一个案件在非常高远的地方，是一个建设工程的案件，结算的证据在被告手里，但被告拒不提供。按说就需要司法审价，我原先是交了鉴定申请书的，后来法官给我打电话，让我撤销鉴定申请，同时提交一个调查取证申请，他说会要求被告拿出证据来，否则让被告承担不利后果，这样就不需要司法审价了，毕竟鉴定时间太长，很麻烦。我几乎是千恩万谢，心里想遇到了一个高明正义的法官！我们照做了，结果后来法院就直接判我们败诉，理由是我们证据不足。我们知道，建设工程施工合同的案件不同于其他合同纠纷，比如买卖合同，针对是否签收货物的问题，如果没有充分证据，确实不好让法官判断，因为那个货物是可动的，完全可以藏起来，而建设工程是不动产，干了多少活，它就在那里，跑不了的，完全可以查清，法律赋予法官的调查权和鉴定权为什么不用呢？

欠钱不还，食品安全，拖欠工程款等不诚信行为，应该受到法律的制裁，而司法者就成了公民权利的最后一道屏障，如果连司法者也不讲诚信，这个社会就会出现信任危机。

培根在《论司法》中说过："一次不公的司法裁判比多次不平的举动为祸尤烈。因为这些不平的举动不过弄脏了水流，而不公的裁判则把水源败坏了。"

无论社会怎么发展，我们的传统文化不能丢掉，我们之所以称得上五千年文明古国，老祖宗的道德本钱才是立足之本。诚信，乃立人之本，乃治国之本。营造一个诚信社会，不仅依靠广大的人民群众，更需要政府和司法机关首先坚守信用，依法行政，诚信治国，取信于民。

原来，
律师的诚实是可以免单的

上海乘高铁到宜春，需要四个半小时的时间，一路上风光无限，风景如画。一年时光里可以欣赏到四季的魔幻变迁：春天的油菜花，盛夏的稻田，冬日的青山绿水，秋季的红叶满山。

前世无论如何都没有想到，今生竟然与这个离上海不远不近的城市结缘。

一个案件败诉却接下了更多的案子

起因是三年前的一个案子，不大不小的案子，一个买卖合同的纠纷：我的客户是一个工程项目的总承包，一个材料供应商起诉了我的客户，要求支付材料欠款。按说欠债还钱，天经地义，但是我们前面与业主签订过一个备忘录，意思是，业主拖欠我们的工程款，业主愿意直接支付给分包和材料供应商。备忘录签了，客户就以为万事大吉了，不料，后来业主资金紧张，停止付款了。

于是材料供应商就把我们客户和业主一起起诉了。

结果我们败诉了，理由是备忘录不具备债务转移的条件，我们在债务转让时没有获得债权人的同意。依据是《合同法》第八十四条的规定："债务人将合同的义务全部或者部分转移给第三人的，应当经债权人同意。"我深知这个条款的使用方法，所以在诉讼中极力主张，这个债务是经过债权人（材料商）追认的，应该视为得到同意，尽管如此，法庭还是没有采纳。我们上诉，结果维持原判。

我没有以"胜败乃兵家常事"为由向客户推卸责任，而是诚实地表示遗憾和抱歉；同时向客户总结这个案子败诉的原因：打官司是打证据，无论我们当初想表达的意思是什么，不论客观事实是什么，到了法庭，法官只能按照法律逻辑来理解法律事实。

于是，我给公司建议，遇到类似债务转移或者债权转让的，一定要按照法律的要求签订文件，什么情况下需要"通知"呢？债权转让时，法律依据：《合同法》第八十条"债权人转让权利的，应当通知债务人。未经通知，该转让对债务人不发生效力"；什么情况下需要"同意"呢？债务转移时。法律依据就是上面引用的《合同法》第八十四条。工程项目上的人员听得一头雾水，懵懵的样子。于是，我说，这样吧，遇到类似情况就签三方协议，你们和业主，把材料商或者分包商叫到一起，签一个三方协议，三方签字盖章就保险了。

我在这个城市代理的第一个案子就这样败诉了。我以为，公司怎么可以继续使用败诉的律师呢？

不料，随后一系列案子爆发，都是围绕这个工程项目产生的；不料，公司领导决定还是继续让我代理。于是我恪尽职守，兢兢业业，不敢有丝毫大意，结果有些案子胜诉了，有些案子成功调解了，有些案子还在诉讼中，任重而道远。

就这样，如今我和宜春结下了不解之缘。

不小心打破了杯子

这次还是坐高铁来的。每次我都忍不住举着手机，抢拍车窗外的风景，刚看到一个好景，还没按下快门，车子就进入山洞，遮住了视线，于是记着下次经过时动作一定要快。

来到宜春，本来照旧可以住在离法院不远处的宾馆，无奈这家酒店停业装修，只好定了另一家宾馆。虽然有点远，也还干净。

我按照往常的习惯，住进酒店房间后，先用热水壶烧一壶自来水，用壶中的热水烫一烫酒店的杯子，然后倒掉壶中的水，再烧一壶纯净水，用来泡茶。

当我把酒店的玻璃杯放在洗手池中，倒满了热水，伸手去洗时，不料杯子太热，没拿住，杯子倒了。我一看，杯口裂了一个口子，虽然不大，也是残缺。我的第一反应是担心被讹，也不想添麻烦，心想又不是什么值钱的东西，于是把这个残缺的杯子放回原处，杯口照旧朝下，裂口朝里，一点也看不出发生了什么。

·明月山·

登明月山有感

对于这个城市，很多人听到"yíchūn"二字，就以为是黑龙江的伊春，其实相差甚远，伊春我没去过，可是这个宜春在江西，我却经常来。这三年里，我为了这些案子，先后来到这个城市不下十几次，有时坐高铁，有时乘飞机，这里几乎成了我的第二故乡。这是一个旅游城市，可是好像这里的景点与我无关，因为前十次我每次来几乎都是匆匆来，匆匆去。

上次是八月初来这里开庭，在周五下午，也是儿子出国前的一个周末，我决意带上他，开完庭第二天可以一起去爬山。这既是完成我多年来到过这个城市九次都没有成行的登山之旅：这里有国家 5A 级风景区明月山，一直闻名遐迩，吸引我的不仅是飞流斜下的瀑布，不仅是天险一般的空中栈道，不仅是满山郁郁葱葱的树林，还有嫦娥；也是为了实现我的一个良苦用心：为了让出国前的儿子欣赏一下祖国的大好河山，学成归来，报效祖国。

上山开始是一段枯燥的缆车之旅，和一段小惊喜的山顶马路，迟迟看不到梦中奇绝的风景，有些"怀疑人生"。当我们钻进一个废弃的钨矿，从阴森潮湿的洞里走出来时，眼前的风景豁然开朗。

一个长长的空中栈道，沿着悬崖绝壁蜿蜒而去，名曰：青云栈道。

我们走在青云栈道上，犹如行走在悬崖峭壁间，放眼望去，万丈深渊下，说不尽的绿意盎然，起伏连绵，峡谷内外，道不尽的鬼斧神工，美不胜收。

此情此景，突然联想到前几日，在华山栈道上，一男子解掉身上的绳索，飘然而下，毅然与这个世界诀别。相隔不久，又有黄山光明顶上的一名女子，在众人劝说无效后跳崖身亡。

于是我发一朋友圈，附打油诗一首，寓意双关，盛赞美景，劝慰生者：

> 扶摇上青云，嫦娥已飞天；
>
> 何必念天堂，仙境在人间。

有人为他们辩解：如果人生太难，不如放过自己；如果生活能够撑得下去，谁还去跳崖？

我不想去探讨这个千年的话题：生命的意义是什么？人活着究竟是为了什么？

我对儿子说，他死都不怕，为什么还怕活着？任凭生活多艰难，道路多险恶，我们就应该和命运死磕到底，这就是生命的意义。

很多人想不到，律师工作的压力也是巨大的。最近总是看到律师圈发布律师同仁英年早逝的消息，让人惋惜，感慨生命无常。作为律师，学会工作和生活两不误非常重要，学会乐观，再苦再累也要释放自己，比如我经常把出差当作旅游，比如我经常晚上一个人跑步，比如经常听听音乐唱唱歌。

你能做到拿得起放得下吗

第二天开完庭，我走出法院，已经湿透了后背，没有任何放松的感觉，因为这个案子开过多次了，都没有休止的迹象。

没有办法，律师的工作其实大多时候就是折腾。有人说，生命贵在折腾，但如果是无休止地折腾，难道不是在浪费生命吗？

到附近公园里走走吧，散散心。

我看到一个妈妈和她大约一岁的孩子在树荫下玩游戏，孩子笑得咯咯的，不是多大的游戏，只是妈妈拿着一个玩具，递给孩子，孩子就直接往地上扔，妈妈就去捡，然后再递给孩子，孩子再扔，就这样反复做这个游戏，孩子玩得很开心。

我就想，为什么孩子在这么简单的游戏中获得如此大的开心呢？可能就是，他能够拿得起，也能够轻易放得下，没有想太多的缘故。我们长大了，反而心事重了，在很多事情上拿得起，却放不下，忧虑和苦闷油然而生，甚至寝食难安。

我们为什么不能够心胸开阔一些，宽容一些，淡泊一些，超脱一些呢？

这样想来，于是不再对那个下发传票上写着下午3点开庭，到了4点还不见的法官，以及全法院的人在找他，电话也打不通的情况纠结了；不再对法庭上那个对我恶言相向，进行人身攻击的年轻律师耿耿于怀了；原谅了那个说好下午来法律咨询，又无缘无故爽约也没有任何回应的当事人，只好自己"闲敲棋子落灯花"；面对那个不去反思自己过错，反而无端质疑律师的客户，不再想着怎么去辩解，说什么这个结果已经不错了，说什么律师已经尽力了，说什么这是你员工自己的问题，说什么你管理也有问题，云云。

我的住宿费免单了

第二天一早吃过早餐，我开始准备下一段旅程。

我收拾完行李，最后巡视了一下房间，看看还有什么东西落下没有，当看到那个被放置得天衣无缝的玻璃杯时，突然决定，把它拿到桌子明显的地方，让那个残口朝外放着。

我走出电梯，来到前台，对服务员说，退房，我打破了房间里的一个玻璃杯，我愿意照价赔偿。

那个服务员接过房卡，看了我一眼，说："稍等。"然后她去了后台。

我等了半天，不见服务员过来，我有些担心。

我开始有点后悔，是我把事情办复杂了？耽误了时间不说，说不定他们还想讹我一笔钱不成？

这时，服务员出来了，微笑着对我说："先生，恭喜你，你的住宿费免单了！"

"为什么？"我不解。

她说："我们酒店经常有顾客损坏了物品，就悄悄走人的，老板最近制定了一个规则，凡是发现有顾客损坏物品不说的，一旦被发现，双倍赔偿；凡是有顾客主动说出认赔的，免单。"

我不好意思地走出酒店，这才发现外面下起了小雨，淅淅沥沥的，退却了不少暑气，凉爽了许多。于是我决定步行去车站。

路过一家店铺，我看到上面一行醒目的红色大字，先看到前两个字"汤记"时，以为是一家餐馆，再看后面"摩托车维修店"，才知道是一个汤姓人家开的维修店，再看下面店里，原来是一家菜市场，一个农妇在里面卖青菜，哪里有什么汤啊？摩托车啊？

我觉得好玩，发一个朋友圈，不久，一个当地的好友留言问："张律师莫非来宜春了？"我大吃一惊，特意避开一些地域标志，他怎么看出是宜春呢？他还能够说出这是哪条大街，我着实很佩服他，像这样的街道和店铺，在我眼里，全国比比皆是全无分别，他怎么能够一眼看出是他的城市呢？只能说明一个原因：他太熟悉他的城市，太热爱他的城市！

他非要开车来送我去车站，说你离车站还有六公里多呢，什么时候走到啊？

我回复，真的不用，我愿意走走，正好可以减肥呢！

其实，我没有说出我的心里话来：我想脚踏实地切实感受一下这个城市，因为这是一个有希望的地方。

弘一法师：轻轻地放下

张良，汉初三杰，"运筹帷幄之中，决胜千里之外"，度陈仓，入关中，斗鸿门，战垓下，帮助刘邦夺得皇位。在刘邦论功行封的时候，他选择归隐山林，奉行黄老之学。

功名，可以轻轻地放下。在刘邦清算功臣时，张良可以优哉游哉地专研道德经，得以颐养天年，安然无恙。

范蠡，越王勾践的军师，与勾践在吴国受尽屈辱，卧薪尝胆，后来与勾践发愤图强，灭掉吴国。他看到勾践可与共患难，难与同安乐，于是决然离开越国。来到齐国经商，很快富甲一方，但他几次散尽家财，周济贫困百姓。

财富，可以轻轻地放下。范蠡后来被人尊称陶朱公，在民间被当作财神供奉。

孟尝君，战国四君子之一，广招天下宾客，衣食住行免费招待。多有贤能人士来投，也不免有品行不佳者，鱼龙混杂。有为他建立狡兔三窟的冯谖；有救他命的鸡鸣狗盗之徒；也有一位某甲竟与他的一位爱妾私通，被人告发，门客多劝他严惩这种忘恩负义之辈，他竟然放过了他，还推荐他去卫国做官。

耻辱，可以轻轻地放下。后来卫国要攻打齐国，在这个某甲的极力劝说下，放弃了战争。

春秋时齐国国君空缺，公子小白和公子纠争相回国，谁回的早谁就有可能称王。当时跟着公子纠的管仲在路上设伏，射了小白一箭，幸好鲍叔牙让小白假装受了重伤，留得一命。后来小白做了大王，在鲍叔牙的推荐下，却重用了管仲。

仇恨，可以轻轻放地下。小白在管仲的辅佐下，成为春秋五霸之一，他就是齐桓公。

民国一风流才子，著名音乐家、美术家、书法家和戏剧活动家，年轻时痴情于一戏子，留日期间钟情于淑子小姐，平日里与名流张小楼、黄炎培、徐悲鸿、蔡元培等人多有交往。37 岁那年他突然剃度出家杭州寺庙。貌美绝伦的淑子小姐从日本远洋过海，来到寺门前找他。一个僧人几经苦苦挣扎，徐徐来到她面前，他剪下一缕胡须放在她手上，转身离去，独留她一人亭亭玉立，哭成泪人。

爱情，可以轻轻地放下。他叫李叔同，后来潜心研究佛法，成为一代大师：弘一法师。

我一年内三次去西藏开庭，曾站在 5000 多米的岗巴拉山口，抬望眼，是洁白的云朵和万年的雪山，远眺中，是幽蓝的羊卓雍措圣湖，瞬间被这天地万物所感动和震撼，顿时泪流满面。我只有轻轻地吟诵仓央嘉措的诗句："世间事除了生死，哪一件事不是闲事！我独坐须弥山巅，将万里浮云，一眼看开。"

我是俗人，也不想成为大师，我有勇气进得了布达拉宫和大昭寺，却没有勇气留下，因为我放不下家人，放不下朋友，放不下客户和工作。

一个月以前的某一天，我们律师大厦前台打电话说，有一个客户找我，在会客室等着呢。我想：谁啊？为什么没有预约？

我下去一看，一个黑黑的男人，站起来给我鞠躬，一脸的沧桑，但挺结实的样子，他说他是从呼伦贝尔大草原来的。我一下子想起来了，他给我写过三封信，诉说了他不幸的遭遇。他是 2000 年毕业的统招中专生，毕业后没有分配工作，他就一直上访，多次进拘留所，去年还被判了刑。我在《平凡之路》里写了我做过的一些为毕业生打官司的案例，网上也有我的事迹报道，他就是通过网上找到我的联系方式。

他说，他是几经辗转才来到上海的，坐的都是"绿皮车"，用了三天时间。他说："张律师，你一定替我打这个官司，为我维权！为我出这口气！"他怕我一口拒绝，又急着说："你不用担心律师费，我知道要花很多钱，我打算回去把我家的房子卖掉来交律师费，我还联系了媒体，你也可以出出名。"

我问："你今年多大了？"

"40 了。"他说。

"结婚了吗？"我又问。

"为了上访一直没有找对象。"他回答。

"家里有兄弟姐妹吗？"我再问。

"有，三个姐姐，两个哥哥，他们对我很好。"他说。

我说："我确实曾经为很多地方的毕业生打过这类官司，但是效果并不都是好的，有的即便打赢了，也不好执行，因为这么多年过去了，政策都变了，再说你不一定有充分的证据，谁也不能保证给你打赢这个官司，毕竟行政诉讼难度非常大，所以我现在不做这类官司了。"

他在认真听时，突然来了一个电话，他说是他们地方信访办的人知道他来上海了，在找他，怕他出事。

我接着说："你看你今年40多了，还是单身，你上访了18年，人的一生有几个18年啊？你在前面走，人家在后面追，你过的是什么日子啊？关键是你的姐姐和哥哥都在为你担心，他们的日子好过吗？他们支持你上访吗？"他说："他们不希望我这样子，但我又不甘心。"我看到他的眼里满含着泪花。

我继续："明知道这条道走下去没有希望，为什么还坚持呢？"他说："我不知道该怎么办？我曾经多次想到自杀！所以无论如何，我今天来就是想听听您的建议！"

"你既然来找我了，我给你一点儿建议：一，给信访办打个电话，告诉他们说，你来上海是旅游的，散散心，不会出事的。二，回去找他们好好谈谈，能不能给你帮忙找找工作。三，如果他们实在帮不上忙你就自己去找工作，你身体还很健壮，靠自己的劳动生活还是没有问题的。四，找个对象好好生活，不要让家人替你担心了，一个男人要有担当。五，珍惜生命，一个人来到这个世上不容易，好好活着，为自己，也是为别人。"我一口气说出了我的想法，也不知道他的内心感受是什么。

他沉默了许久，眼泪刷刷地往下流，突然，他站起身来向我深深地鞠了一躬，说："谢谢张律师！"然后走了。

送走他，我深深地叹了口气，我第一次被自己感动，说实话，我当时案件不多，手头也紧，花费还大，我确实需要案子做，但我还是拒绝了他。我希望他能够理解我的良苦用心，也能够轻轻地放下怨恨，放下无谓的坚持，重新开始正常人的生活！

第三天，他给我发了一个微信：张律师，我已经平安回到呼伦贝尔，我会好好的！

后来，听说他在政府的帮助下，找到了工作，开始上班了。

一位西方哲人尼采说："你知道自己为何而活，就可以忍受任何样的生活。" 人生苦短，珍惜每一天，珍爱生命，保重身体，努力工作。

芸芸众生，我们为什么虽然压力很大，却仍然坚持乐观前行？

在某种意义上，人生就是一种修行，需要不断加强品行修养，做到淡泊名利、宽宏大度、忍辱负重，才能拿得起，更要放得下。

我们完全可以放下压力，多一点动力，让身体更健康，心情更愉快，工作更有效率。

我们完全可以放下烦恼，多一点快乐，让生活充满阳光。

我们完全可以放下愤怒，多一点理性，让矛盾得以化解，减少纷争。

我们完全可以放下贪心，多一点知足，知足者常乐，常乐者自安。

我们完全可以放下嫉妒，多一点宽容，让社会更加和谐。

我们完全可以放下私欲，多一点公益，让世界充满爱。

轻轻地放下，不是放弃，不是逃避，不是推卸责任，也不是消极避世。

轻轻地放下，是一种博大的胸怀，只有放下，才可以虚怀若谷，才可以海纳百川。

轻轻地放下，是一种暂时的释放，只有放下，才能卸下包袱，轻装上阵，才能放眼未来，砥砺前行。

莫问前路荆棘，只顾风雨兼程

2018年终将离我们远去，无论你过得好不好，无论你过得顺不顺，都是我们短暂人生的重要时刻，且行且珍惜。总结过去，是为了寄希望于未来。想想2018年，给我收获最大的是这四句话。

一是：如果不能改变现状，那就改变自己。

初生牛犊不怕虎，赞的是一种勇气，其实更多的时候是一种莽撞，不自量力的自信。黔之驴，不是最后被老虎吃了吗？当你不能改变现状的时候，你完全可以换一种方式，可能会柳暗花明。

我早晨上班的途中，从家门口到沪嘉高速之间的路程，也就三公里，但是因为特别拥堵，需要半个多小时的时间，常常被堵得心烦。我想过换房子，可是成本太大。我想过通过自己民主党派民主建言的渠道，向有关部门建议，希望改善一下交通条件。可是一想，在上海这种路况应该很多，不是短时间能够改变的，就别给他们添乱了。

于是，我决定每天六点前起床，六点半出发，几乎是一路畅通，七点左右就到单位了。长期以来，我几乎是盈科律师大厦上班最早的人，因为清静，工作效率特别高，当我把一天的工作完成一半的时候，其他人才陆续上班。这时候我就有精力去处理客户的临时性工作，有时间接待临时性的客户，有时间看书和思考。

如果你不能改变现状，那就改变自己。工作中更是这样。

开庭时，有些书记员，打字缓慢，我就发言慢些；有些书记员打字很快，我就语速快些。每个法院的要求不一样，每个法官的风格也不同，你就得适应不同风格的法院和法官。到一个新的法院去立案时，我会让助理准备尽可能全面完美的材料，宁滥勿缺，争取一次性成功，这样法官要什么，我们就可以提供什么。

"行到水穷处，坐看云起时。"可能有些时候，你经历的事是黑暗的，你面对的人是奇葩的，甚至是可恶的，当你感到迷茫时，当你不能改变别人的时候，可以选择洁身自好，出淤泥而不染，但不能怨天尤人，更不能自暴自弃。历史的长河终究会告诉人们，有些人沉下去了，有些人漂走了，有些人还在努力，但愿多年以后，我们还是那个大浪中奋勇前行的人。

二是：思路决定出路，学会思考。

具体来说，一个律师的思维，决定一个案件的走向，甚至决定案件的结果。比如无罪辩护，还是罪轻辩护，比如正当防卫，还是防卫过当，都会影响法官的判断。

律师解答法律咨询，其实是一个智力成果的凝结过程，一个好的答案，可以给人春风化雨的轻松舒畅，给人指点迷津的豁然开朗，给人四两拨千斤的迎刃而解。

一个专业律师在极短的时间内作出的精准解答，看似极其容易，或者简单，实则包含了知识和经验的积累，是积极和全面思考的结晶。俗话说，台上十分钟，台下十年功。

一个新的案件过来，即便最专业的律师也需要一个思考的过程。因为律师接触的案件，没有完全相同的，如同世界上没有完全相同的两片树叶一样，哪怕是极细微的差距，思路也是大相径庭。

我在初中英语课本上学过一篇文章，讲的是一个画家，接到皇帝的命令，要求他画一匹马，他却迟迟不交差。皇帝急了，亲自登门拜访，画家一看皇帝来了，急忙跑进屋里，挥笔泼墨，一蹴而就，一匹骏马跃然纸上栩栩如生。皇帝不解，就责怪他：早干啥呢，为什么现在才画？画家的回答一直让我莫名其妙：自从接手任务后他一直在训练，才有今天这匹马。

直到有一天，有一个当事人慕名来咨询我一个复杂的案件，我经过长时间的研究后拿出一个近似完美的答卷，我才明白了那个画家的苦衷。

如何解决一个疑难复杂的从未遇到过的案件？律师必须把每一个案子都当作新的案件，不能想当然地照搬以前的经验，必须从认真学习和研究入手，重新学习相关法律知识，研究最新经典案例，运用逻辑思维，归纳总结，才能找到好的思路和突破口。

如同写文章，必须充分占有素材，经过长时间的酝酿，打好腹稿，才可能一气呵成，成就美篇。

我经常接受来自朋友、微信好友、客户以及慕名陌生人的免费咨询，往往是有问必答，甚至有来访当事人的法律咨询，我也是知无不言，言无不尽。豁然开朗后，有的人口头表示一下感谢，有的人形同路人，有的人就是来"偷拳"的，自己去做了，还说早就知道了，只是来验证一下而已。

有人就不理解，律师就是靠法律吃饭的，既然法律解答如此重要，为什么经常免费咨询啊？

我当初是这样想的：举手之劳，能帮人处则帮人，毕竟我不是靠咨询费吃饭的。时间久了，有人就想着偷偷给我寄来一箱地方特产，开海了想着给我寄来一些海鲜，有人为我介绍法律顾问单位，有人给我介绍案子，于是慕名而来的客户越来越多，也搞不清楚是哪一个微信好友介绍的。

原来，思路决定出路，不仅仅表现在案件咨询上，看来做人也是一样的道理。

三是：选择一份工作，就是选择一种生活。

有一次去北京，李欣姐对我说过一句话，我非常有感触，她说："弟弟，我知道你的工作很辛苦，但是一定要调整好身体和心态，你既然选择了律师工作，就要适应这种生活。"

我在 2018 年去过全国很多的地方做案子，比如首都北京，西藏的拉萨，内蒙古的呼伦贝尔，河南的郑州和驻马店，福建的福州和莆田，江西的宜春和南昌，安徽的宣城和阜阳，湖北的武汉和黄冈，江浙沪周边的就更多了。

很多经常出差的人都会异口同声地说一个字"累"！确实累，火车和飞机上狭窄的座位一坐几个小时一动不动，能不累吗？腰疼啊！卧铺硬板床躺上整个夜晚，能不累吗？浑身疼啊！

其实，出差的累，不是身体的劳累，更多的是心理的疲惫。

常言道：生命在于运动，出差走路也是一种运动，你完全可以在火车上或者飞机上，适当地进行活动，变换不同的姿势，可以解决身体持续不动的劳累。不出差，我们不是也要跑步运动吗？因此，劳累不是因为出差，而是因为心里有事。

心累的根源是，你无论准备多么充分，有多么自信，都不可能完全预见未来道路上的坎坷，不可能完全避免法庭上的突然袭击，以及谈判桌上的意外事件。

一种完全放松的旅游，就不会觉得比出差劳累，就是这个道理。

知道了这个道理，就应该知道如何解决出差劳累的问题了。

我认为，保持一个良好的心态，是解决出差劳累的良药。

我可以在人来人往熙熙攘攘的候车室里看书，津津有味；我可以在孩子和家长大声吵闹的列车上睡觉，酣畅淋漓；我还可以开完庭顺道去游览一下当地的风景名胜，发个朋友圈自得其乐；

我出差在宾馆里晚上一个人关好门窗大声唱歌，感觉不错的就发到全民 K 歌里，获得许多鲜花和掌声；下班回到家里，看看电视，听听音乐，喝点小酒，沏壶好茶，知足常乐。

很多时候，出去开庭，时间大都用在路上，来回高铁可能是八个小时，开庭也就两个小时，甚至更少。我就想，通信科技发达的未来，会不会实现一种更便捷的方式：足不出户，通过网络就可以参加全国各地的开庭，省去不少时间和拥堵。

但是，随后也会产生许多遗憾，那就是你可能会错过很多风景，诗永远在远方。

其实，人生就是一场旅行，既然选择了律师职业，莫问前路几多荆棘，只顾风雨兼程，疲惫的时候，靠在机窗上，要善于发现天边那抹即将逝去的晚霞。

"回首向来萧瑟处，归去，也无风雨也无晴。"无论多艰难的道路，要的就是一种心态。

四是：优秀是一种习惯。

我认为，决定一个人命运的，不是别的，应该是习惯。从小养成良好的习惯，会受益终生。

我单位有一个女同事，10 年前是一家县级地方中学的生物教师，刚上班不久就出人头地，取得同龄人望尘莫及的成绩。她后来去了北京一家著名的培训学校，她的学生每年被清华大学和北京大学录取的有十几人之多，后来成了教学副校长。再后来被清华大学附属中学聘任，成为多少同行人羡慕的对象，然而一年后她却毅然辞职，随老公来到上海。

她本想在上海找一家学校打工，一个机缘巧合进了老公所在的律师事务所，填补了空缺，做了行政总监。从未做过行政的她竟然做得风生水起，后来兼任主任助理。三个月前又被总部任命为两个分所的执行主任，在忙着装修、开业和招兵买马呢。

按说在律所的行政岗位已经到顶了，40多岁的她熬几年就可以退休了。而她却在百忙之中挑灯苦读，参加了中国的第一届国家法律职业资格考试，结果客观题高分通过：218分，主观题高分通过：123分，总分超过分数线53分。

有律师说自己当年通过司法考试时大摆宴席三天，她是不是应该好好庆祝一下啊？查到成绩后，她非常淡然地在单位加班到深夜，工作还是有条不紊，每天还是面对纷繁复杂的事务。有人问她，是不是可以回上海做律师了？她说，我不能辜负总部对我的期望和信任。

想想也是，这就是她的风格，这就是她的习惯，一以贯之的习惯。

当你习惯还在被窝里睡懒觉的时候，别人已经走出去了很远；当你习惯总想着吃喝玩乐的时候，别人泡在图书馆里以书海为家，厚积薄发；当你习惯马马虎虎潦潦草草完成工作的时候，别人已经成了高管。

习惯，能毁了你，也能成就你，就看你养成什么样的习惯。

英国作家萨克雷说过："播种行为，可以收获习惯；播种习惯，可以收获性格；播种性格，可以收获命运。"

命运不会亏待每一个努力奋斗的人，只要你有付出，就一定能有收获。命运，一直都掌握在自己手中。

做律师的三重境界

《孙子兵法》云：上兵伐谋，其次伐交，其次伐兵，其下攻城；攻城之法，为不得已。

这是兵家之道的四重境界，是从兵戈相见到攻城略地，到运用谋略取胜的循序渐进的过程。

我认为无论做什么事情，都应该讲究策略和智慧，经过长期的磨炼，人生可以达到不同的境界。

王国维大师在《人间词话》中引用了三句宋词，概括了人生的三种境界：古今之成大事业、大学问者，必经过三种之境界："昨夜西风凋碧树。独上高楼，望尽天涯路。"此第一境也。"衣带渐宽终不悔，为伊消得人憔悴。"此第二境也。"众里寻他千百度，蓦然回首，那人却在灯火阑珊处。"此第三境也。

作为一名执业律师，借其道而行之，仿其意而为之，我引用三句诗词，分别表达律师可以达到的三重境界。

第一重境界："怒发冲冠，凭栏处、潇潇雨歇。抬望眼，仰天长啸，壮怀激烈。"

我们年轻时，为了当事人的利益据理力争，寸步不让；为了在当事人面前表现，不顾法官的提醒和制止，慷慨陈词，当仁不让；我们也曾在法庭内外和对方针锋相对，剑拔弩张。

我们言必称法律条文，法律是我们唯一的武器，就如同我们战斗，离不开刀枪一样。

那时，我们的眼里只有自己的当事人，其他人都是假想敌人，草木皆兵，横眉冷对，疾恶如仇。

我们也曾听着当事人的倾诉陪她一起哭泣，也曾面对不义之徒义愤填膺，怒目圆睁，也曾对客户的体谅和理解感激涕零，知恩图报。

那时，我们看到胜诉的判决，欣喜若狂，拿到败诉的结果，肝肠寸断。欣喜若狂，难免盲目自信；肝肠寸断，也会一蹶不振。

这个时候，有激情，缺少一点冷静；有感性，缺乏一些理性；思想活跃，激情澎湃，往往缺失的是成熟和稳重。

但是，我认为这是每一个律师必经的成长过程，有失败，才有教训，有失落，才有收获。毕竟我们较真过，毕竟我们抗争过，毕竟我们死磕过，人就是在摇摇晃晃、磕磕绊绊、战战兢兢的经历中长大的。

第二重境界："遥想公瑾当年，小乔初嫁了，雄姿英发。羽扇纶巾，谈笑间，樯橹灰飞烟灭。"

《三国志》描写张飞在当阳桥退兵的情形，"飞据水断桥，瞋目横矛曰：身是张益德也，可来共决死！敌皆无敢近者"。他靠的是什么？除了勇敢和威猛，当然还有策略。诸葛亮唱的空城计更多的是智慧，正所谓艺高人胆大。

这个阶段，在法律文书中，我们除了使用法条外，还会运用法学理论，甚至引经据典，博古通今，旁征博引，不拘泥于形式，形散而神不散。我有一次在上诉状的结尾写了一首诗，引起法官的共鸣。我们律师在办理案件过程中，也经常创造性地使用三十六计的策略，靠的是综合能力和素质。这个阶段，我们不再依赖知识和理论，要靠专业和经验，更多的是策略和智慧。

2018年年底我接了一个案子，是一个关于建设工程的纠纷，案子管辖地在湖北省黄冈市。我代理的是两个被告，一个是房地产公司，一个是施工单位，两家是关联公司，同一个法定代表人。原告是一个自然人，他是借用这家施工单位的资质与房地产公司签订了施工合同，是法律意义上的实际施工人。

现在的问题是双方就结算无法达成一致意见，原告就起诉至法院，要求按照他委托的机构作出的造价报告结算工程款。我的当事人通过各种途径和关系找原告和解，原告就是不同意，咬住金额不放。

按照当时的司法实践来看，没有结算的或者结算有争议的工程纠纷案件，是要进行司法审价的，法院一般会按照司法审价的结果来判。这个案子如果真的要进行司法审价，结果不见得对我们有利。

"你们双方为什么不结算呢？"我去黄冈研究了他们的材料后问公司老板。

"原告不同意，非要按照他们提交的造价报告进行结算。"他回答。

"这两家公司不都是你的吗？"我再问。

"是的。"

"那就现在做一个结算协议吧，然后提起反诉。"

"行吗？"他问。

"为什么不行啊？"

于是，他们就做了一个结算协议，我们把这个结算协议作为证据，根据结算的数额，向法院提起反诉，要求对方退还多支付的工程款。

还没开庭，对方撤诉，要求和解，事情圆满解决。

这个案子刚刚和解，最高人民法院《关于审理建设工程施工合同纠纷案件适用法律问题的解释（二）》发布了，于2019年2月1日实施，其中第十二条规定："当事人在诉讼前已经对建设工程价款结算达成协议，诉讼中一方当事人申请对工程造价进行鉴定的，人民法院不予准许。"

老板说：张律师神机妙算啊！

我不是诸葛神通，这个司法解释只是把以前的司法判例和经验进一步明确而已。

但是老板惊叹之后，开始对合同约定的律师费产生了重新考虑的想法，用他的话说："这么容易就解决了……"

我寒窗苦读 15 年才大学毕业，你看见了吗？我离乡背井 3 年去读了法律硕士，你看见了吗？我殚精竭虑几百个日夜才考过司法考试，你看见了吗？我在律师职业道路上熬过了 14 个春夏秋冬，你看见了吗？

今天，我用一招制胜，你看见了，就觉得简单了，就想毁约了？

第三重境界："随风潜入夜，润物细无声。"

《孙子兵法》云："是故百战百胜，非善之善也；不战而屈人之兵，善之善者也。"意思是，打仗，不见得非要出兵，不见得非要大动干戈，不见得非要死人，如果不去战场，就能解决问题，是最好的用兵之道。

我们看武侠小说和电影，经常看到这样的套路：一个怀着家仇国恨的人，冬练三九，夏练三伏，终于学成一派武林绝学，经过几次失败后复仇成功，成为武林高手。

武林高手，难免还是要动武，动刀枪，那么什么样的招数才是至高境界啊？

据说"孤独求败"是金庸笔下的第一高手，是一个能达到"无招胜有招""无剑胜有剑"境界的人物，他已经超出了常人所理解的武功境界，可以弃剑不用，弹指挥手就是剑气。

不用出招，敌人闻风丧胆，不战而退。这应该是武林最高境界。

《庄子》写了两个人，我非常欣赏。说楚国有一勇士，叫熊宜僚。当时白公胜和大夫子西两家之间有仇，都想拉拢他。于是两家都派使者去请他，熊宜僚则高枕安卧，两手弄丸不止，按剑不动，自始不语。使者各还，皆报熊宜僚"两手弄丸不止"，都在猜测这是在暗示两家若不罢兵必会自取灭亡。最后两家各自退兵，不再争斗。

另一个是春秋时期楚国令尹孙叔敖，以贤能闻名于世，据说他安寝恬卧，执扇而舞，敌国不敢进犯。

我觉得，这是人格魅力在发挥作用。两个人的影响力，已经达到让别人不敢冒险的地步，不费一兵一卒，不放一枪一炮，就息事宁人，定分止争。这应该是为人做官的最高境界吧！

我站在律师角度，幻想着：某一天，当事人慕名而来，在盈科律师大厦排队等我，我坐在会客室，左手端着茶杯，右手摇着羽扇，默默听着当事人的娓娓道来，然后我笑而不语，拿出一个锦囊妙计，问题立刻迎刃而解。大家双手赞成，握手言和，皆大欢喜。

这应该是我们一生不懈追求的最高境界吧！

专注的力量

今年是母亲的第二个祭日，7月份我带着儿子回到老家。

今年夏天特别干旱，北方连续一个多月没有下雨了，地里的庄稼都耷拉着叶子，没精打采的。农民想办法引水灌溉，也无济于事。

每年夏天的这个时候，是村里人到树林里找知了猴的时候，晚上大家都打着手电筒围着树转好几圈，树林里灯火通明，一晚上能找几十个，第二天就可以品尝到美味佳肴。

今年因为天旱，所以知了猴的出生率大大降低，成了稀品。

一天下午，我在父亲院子里的一处空地，发现一个小孔，凭着小时候练就的敏感度，一看就知道是知了猴。但因为地硬，它试图钻出来，却屡次失败。

我端了一盆水，泼过去，知了猴却缩回去。

在我一不留神的时候，它竟然很快突破了洞口，迅速找到大树，急切地爬上去，让我望尘莫及。

它任何时候都不会放弃的精神深深得打动了我，我不禁感慨生命力的顽强。

小时候，粘蝉，对于我们来说是夏天的一项极为重要的娱乐活动，我们那里的农村人几乎都会。

首先要准备一个长长的杆子，杆子要不粗不细，太粗，举不动，太细，容易随风晃动，缺少稳定性；杆子要不长不短，太短，高处够不着，太长，低处就不好操作。

然后是准备面筋，那时白面可是金贵得很。要在大人不在家时，偷偷去瓮里挖出半瓢白面，用水和成面团，再用水一点一点去清洗，直到把淀粉洗去大半，这个清洗过程需要长时间的耐心。有时我正洗着，母亲回来了，问："用了多少面？""不多不多！"赶紧把洗面水倒掉。

一个大面团最后剩下一小撮面筋，然后去门口菜地摘一些菜叶，把面筋小心包起来，塞到挎包里。面筋一定要放好了，有一次半路丢了，回头找了半天才在地瓜沟里找到，差点急哭了。

最后是找一个塑料袋或者布袋，准备装知了的。

万事俱备后，约上小伙伴，扛着长杆子，浩浩荡荡向着树林出发！

柳树上的知了最多，从树腰到树顶整齐地排列，知了好像训练有素的军人在站队列，遇到一棵这样的树，是你的运气和福分，惊喜之余，一定要把握好分寸，收获才能较大。

先把杆子头上粘上小块面筋，然后慢慢地端起，小心地举高，不能有丝毫晃动，不能碰到树干或树枝，知了也很敏感，稍有树枝震动，一哄而散，此时你只能望洋兴叹。粘过知了的人都会回答"树上十只鸟，打死一只，还剩几只"的脑残问题。也不能让面筋粘了树叶，一旦粘了树叶，就盖住了面筋，必须收回杆子，清理干净树叶后，再重新举起。可能，这个时候再抬头去找知了，它已经飞走了。

先确定目标，最好是从最下面的一个知了开始，从下往上按照顺序一个一个地粘，才不至于被别的蝉发现后跑掉，你的眼睛要盯着目标不放，不能眨眼，一眨眼就可能看错了目标，前功尽弃。有时候一个树疙瘩，像极了知了，你一竿子投过去，面筋被"没收"了不说，让别的知了看了你的"笑话"。

目标周围有蝉时，你要粘住它的双翅，让它不能动弹，如果粘住一只翅膀它的另一只翅膀会不停地飞动，惊动其他知了，全都飞走了，你收获的只有一只。

我们那时的最高境界就是，我粘住一只知了，接着去粘另一只，然后是另一只，最多时候可以一次粘住三只，这时才收回杆子，把知了放进兜里，这时就可以"为之四顾，为之踌躇满志"。

粘知了的过程中，心无杂念，只专注于一个目标：蝉，全然不顾周围的景色，不顾来往的行人，不顾坑坑洼洼，不顾时间的流逝，一直抬头，一直举杆，直到面筋没了才罢手。

不知不觉一天过去了，其间不吃不喝，不拉不尿，不觉累，不觉困，不觉渴，也不觉饿。

回头找伙伴们，早已走散，不见踪影，然后各自回家。

现在我看《庄子·达生》写到"痀偻承蜩"（驼背老人粘蝉）时，深有同感，我也曾经达到过这种境界，无非就是仲尼所言"用志不分，乃凝于神"，也就是"专注"二字。

距今已有 2000 多年的庄子时代，粘蝉技艺已经炉火纯青，我认为这项技能不应该丢失，这是培养孩子专注能力的极好的运动方式。

我在律师执业过程中，发现专注能力太重要了，对此深有体会。

为了写一个辩护词、代理词或者法律意见，或者一篇约稿，我会找一个相对空闲的时间，关上门窗，在电脑前一坐就是三四个小时，效率极高，当然是在充分掌握素材的基础上。写完好久不能反应今夕是何时。

有一次开庭，从早晨九点开始，一个上午没有开完，法庭给我们双方中午一个小时的吃饭休息时间。下午接着开，下午的开庭渐渐进入白热化，双方辩论非常激烈，大家都沉浸在案子中，不知不觉已黄昏，谁也没有休庭的意思，最后到九点才结束。等我走出法院，夜幕已降临。很长时间没有消退兴奋的心情，一点困意也没有。

无论做什么工作，都需要专注。

开车需要专注，否则容易发生交通事故；炒菜做饭，需要专注，否则极易引起火灾；学习要专注，才会学有所成，步步登高；科研要专注，才会有技术突破和人类文明的进步。

毕竟人的精力和智力有限，将有限的精力集中起来，专注于一件事情上，几乎没有不成功的。龟兔赛跑中，兔子比乌龟跑得快，为什么乌龟赢了？"锲而不舍，金石可镂"，水滴石穿，都是这个道理。

有人说，一辈子只做一件事，就是专家；一辈子做一件事到极致，就是天才。

《南村辍耕录》说："一事精至，但能动人，亦其专心致志而然。"

有一天，我看动物世界的节目，看到介绍国外某个动物学家，花费几十年专门研究乌鸦能不能记住一张脸的课题，很有意思。我在想：倘若能对一个如此细小的事情做得如此专注，还有什么事情做不好呢？

有一首唐诗云："林暗草惊风，将军夜引弓。平明寻白羽，没在石棱中。"据说故事来源于飞将军李广，他第二天使尽全力用箭再去射那石头时，却射不进去。

这个故事是不是可以证明：在特殊情况下，专注可以让人们发挥一种超乎想象的特异功能？

律师接了一个大案子，
却高兴不起来

当我爬到比屋脊还高出许多的树梢时，就后悔了。人站在地上，永远无法感知高处极速流动的空气。树，已经开始摇摆得厉害，眼看还有不到一米的地方，就是我垂涎已久的鸟巢。花喜鹊拍打着翅膀，尖叫着，不停地俯冲，装腔作势似的，我疲于应付，只有死死地抱住树干。当喜鹊妈妈真的在我的后脑勺狠命地一啄时，我的意志就崩溃了。

我忍着剧痛含着眼泪撤退到地上，才发现，肚子上已经出现了一道道鲜红的血印，那都是树皮的杰作。

路过的二大爷指着失望至极的小伙伴们和失魂落魄的我，用威严的口气训斥道："没有那把刷子，就不要逞能！"

这是我在九岁那年爬树最高的一次纪录，也是最惨的一次。

1960 年，中国登山队从北坡挑战珠穆朗玛峰，214 个人的队伍，经过两个多月的超出常人想象的努力，接受生与死的挑战，最终有 3 个人成功登顶，完成了人类历史上的一次壮举。最近热播的电影《攀登者》，其中一句台词"登上去，活着回来"，当时是否有人说过这话，暂且不论，已经足以使观影者异常振奋和热血沸腾了，几乎一起高唱"我和我的祖国"，也引起了我的无限遐想。

据不完全统计，自 1896 年以来在珠穆朗玛峰上死亡的中外探险者有 400 人之多，登山者几乎是踏着同伴的尸体行进的。那次中国人的北坡登顶，有两个人没有回来，永远留在了那里。

我看过一篇文章，说一个美国人登上了珠穆朗玛峰，激动地给父亲打电话："爸爸，你猜我现在在哪里？我站在世界的最高峰！"他以为父亲会热烈地祝贺他，没想他父亲平静地说："爬到世界最高处，这不算什么，只有平安回来，才是成功。"

父亲的话除了满满的爱意，还包含着深深的哲理。

成功是什么？

我们小时候听的故事，现在看的动画片，爱情故事的结尾，千篇一律的台词就是："王子和公主终于结合在一起，从此，他们过上了幸福的生活。"

结合，就是幸福的开始吗？现实中，多少人高调宣布婚讯，在粉丝们激动的泪水中结合，又在粉丝们失望的泪水中分手？这种毁三观的故事几乎天天上演。

前几年我代理过离婚的案件，发现离婚的原因无非这几个：

（1）真正生活在一起了，才发现不能容忍彼此的性格缺点；

（2）一方或双方变心，不再爱了；

（3）家庭暴力或虐待；

（4）吸毒、赌博等不良嗜好；

（5）其他。离婚原因最多的就是前两个，而且据统计，目前离婚率有越来越高的趋势。

爱情需要激情，但婚姻需要经营。婚姻需要包容、磨合、责任，而不是任性，能够白头偕老，才是成功的婚姻。

我们经常听到老百姓说，看人家谁的孩子，在哪里当了大官了！说者啧啧赞叹，听者羡慕不已。其实，他们只是看到"大官"在电视上风光的镜头，没有看到他们捶胸顿足的时刻。

我看到过。

我做过高官的刑事案件。当我去看守所会见时，他痛哭流涕地对我说："我历尽磨难，寒窗苦读，终于获得高官显贵，以为从此可以光宗耀祖，没想到一失足成千古恨，没有把控住自己的贪欲，后悔莫及，还不如当初做一个老百姓呢！"

有些人当了官，就飘飘然，完全忘却了最初的梦想，忘记了初心，忘记了使命，不想着如何为官一任造福一方，而是大把捞钱，谋取私利，最终只能是身败名裂。

爬到高处，能够站稳脚跟，平安着陆，至少需要两个条件：一是要有崇高的修养；二是要有足够的实力。

有的人能力很大，足够爬得上去，但是修养不够，就不会维持长久，如果道德败坏，能力越大，他的破坏力就越大，可能是爬得越高，摔得越惨。

有的人野心很大，但能力不够，就不会有群众基础，也不会长久。武则天死后，韦后和安乐公主以为自己也有做皇帝的潜质，于是野心膨胀，拉帮结派，飞扬跋扈，梦想着快步进入女皇帝的行列，结果落得个身首异处，身败名裂。我很想知道，当时是否有人对她们说："没有那把刷子，就不要逞能？"

我们做律师也是一样。年轻律师不能急于求成，不要想着一口吃个大胖子，梦想着一觉醒来，就会接到一个大案子，或者一夜暴富。没有长时间的经验积累和专业沉淀，即便机会来了，大案子来了，也不可能接得下来，即便接下来，也不一定做得了。

我在律师执业之初，接到一个小案子，就激动得不得了，一般都会来一个小仪式之类的庆祝一下，初生牛犊不怕虎嘛！做律师久了，做案子多了，没有了仪式感。现在当我接到一个大案子的时候，怎么也高兴不起来。为什么？我想到的是：怎么才能把这个案子做好？如何攻破一个一个的难关？如何应对和化解突如其来的难题？打赢了官司，如何执行到位？等等。

所谓的大案子，其实就是疑难复杂的案子，客户实在是走投无路的案子，律师费固然会高些，但责任会更重，压力会更大，过程更漫长，不确定因素更多。

什么时候才会高兴呢？当客户拿到执行款，付完律师费，对我说："张律师，我们领导对你非常满意，以后有案件继续合作啊！"然后非要请我吃饭时，我说："不吃！不吃！"

不吃也高兴！

马云在今年的教师节宣布退下来。以前，他很穷，经过自己的艰苦奋斗，成为一个时代最成功的商人，登顶福布斯富豪榜，现在看来，金钱对他来说，只是一个符号，没有太多意义。现在，看人家马云当了老师，马老师！开始了太阳底下最光辉的职业，这是精神层面的工作。一个华丽的转身！

财富榜马云时代结束了，但阿里巴巴的事业没有结束，反而得到了很好的传承。

前几日，看到新闻报道，一家知名律所的领导班子进行了换届选举，从事多年领头兵的老律师让位给年轻律师，这是不是也是一种传承啊？

虽然，法律对于律师的执业年龄没有限制，有些律师90多岁了，还坚持去法院开庭，为当事人的权益呐喊，精神可嘉！但是，哪怕你是免费的，没有任何功利心，满满的公益心，可是年龄大了，完全可以不用事必躬亲，多给年轻人一点机会，也未尝不可啊！

有一天，我也会考虑退下来，当然不是等到老得走不动了，必须给生命留下身强力壮的足够多的空间，毕竟还有很多事情可以做，有太多的书可以阅读，有大好的山水可以欣赏，有太多的亲友可以拜访，还可以写写文章，唱唱老歌。

没事的时候，我经常梦想未来我理想的退休生活：

闲居山野，目送斜阳。

晨起推窗，鸟语花香。

手抚无弦琴，可听万籁音。

为了这个梦想，我现在只能是苦练本领，修身养性，大力培养律师团队，努力做好每一个案件，维护好每一个客户，才有可能爬得高，站得稳，做的大，将来才可以平安地软着陆，不至于摔了跟头，划破肚皮，坏了名声，砸了饭碗。

回首 2019，律师之道，涛声依旧

时光荏苒，又是一年即将过去，人到中年，回首往事，不再感慨岁月的变迁，不再介怀荣辱得失，更多的是总结和反省。反思一下自己，关心一下同事，关注一下客户，关爱一下家人。得四句话，与诸君共享，既是激励，也是鞭策。

继续走在奋斗的路上，初心不改，不敢丝毫放松，但间或可打一个盹，做一个梦，给暂停的流量充充值。

每天早晨，六点的闹钟一响，我必须立刻起床，不能有丝毫松懈，否则一赖床，一闭眼，半个小时就过去了，路上一堵车，一个小时就过去了，你要为自己的懒惰买单。

我不敢玩游戏，我害怕玩物丧志；我偶尔会看电影，但不敢看电视剧，唯恐深陷其中，不能自拔；我喜欢看短篇小说，文摘文集，但不敢阅读大部头，唯恐迷失自己。我认为，这样才可以时刻保持与外界的联系，时刻保持冷静清晰的头脑。

出差或者旅游几天回来，我经常感觉仿佛偏离了轨道，恍如隔世，有点恐慌，唯恐失去了什么，错过了什么，迷失了什么。尽快回到工作岗位，联系客户，投入工作，才会心安。

今年的年会，我们律所要在豪华邮轮上举行，律师们乘邮轮去太平洋远行，五天四夜的时间，我决定把三个助理送上大船，自己回来上班。她们有些内疚地说："老板，你不去我们怎么好意思去啊？哪有助理出去玩，老板自己加班的？"我说："好好玩吧，家里有我坐镇。"她们才欢呼雀跃起来。

我为什么不去啊？

我两年前坐过一次邮轮远行，那时刚好应了一家法律书店，通过网络直播给年轻律师讲课。结果到了公海上，没有信号，正在直播的节目发不出去语音和文字，好像与世隔绝，我在大海里游荡五天，仿佛过去了五年。于是我发誓再也不坐邮轮。

上一个月的月初，我的微信突然不能使用，没有信号，电话也打不出去，语音提示我：你的电话已停机。手机欠费了！没有网络不能充值，我一时想不到解决的办法。

干脆扔了手机，我什么也不想，不担心有电话打过来，处理紧急工作，不担心微信有人联系，发个文件或者任务。

我坐在沙发上，先是看书，然后发呆，最后迷糊，不知不觉睡着了。我感觉自己的身子轻飘飘的，纵身一跳，竟然飞起来。我飞过一片芦苇荡，水面上是碧绿的荷叶和鲜艳的荷花。我飞过一片树林时，差点挂在树梢，我奋力地避开它们，身子像在水中游弋。

我飞了很久，陶醉中，忽然听见我的手机铃声，我就想：明明是停机，为什么还响？很可能是幻觉吧，不理它，继续飞。结果，手机还是一直在响。

我使劲掐了下大腿，迫使自己从梦中醒来，发觉真的是我的手机在响，一看是一个朋友打过来的："你的手机停机了，不知道吗？我给你充了钱。"

原来手机停机真好啊！既可以享受两个小时免费的腾云驾雾，还有人主动给手机充值。

我获得更多的是，能量和友情！

当你执着的一条路遇阻的时候，可以绕一下，或者退一步，或许前途豁然开朗。

今年国庆节后有一个读者到律所来访，我接待了他，我们很聊得来，他被我们律所的办公环境深深地吸引，当场决定要转所，我当然非常欢迎。一周后，他又来访，面色沮丧，他告诉我，老板不放，不同意给他办理转所手续，他和老板急了，他们在律所公开翻脸，老板很恼怒，就是不同意。他无奈地问我怎么办？

我说，你是徒弟，他是师傅，你应该首先感谢他的培养，然后好好解释离开的原因，比如想独立执业，寻求更大的发展空间，家庭的压力，朋友的邀请等。回去真诚地和他道歉，重新来！

第二天，他打电话来，惊喜地告诉我，老板同意了！很快我们就成了同事。

前几天他遇到我，又激动地告诉我一个好消息：他原来的老板通知他去领上半年的奖金，走了这么久还记着他！

11 月 30 日是法律职业资格考试（下称法考）主观题公布成绩的日子，从 8 点开始我不断地接到读者朋友们发来的喜讯：感谢张老师一直的鼓励，我终于通过了；在《平凡之路》的影响和激励下我过了；我考了 108 分……消息持续到半夜不停，我一一表示祝贺。也有发来坏消息的：张老师，我今年又差一点，外加一个哭泣的表情；我不好意思和您说了，没过……我一一表示安慰：没事，明年再来！

在法考大军里，其中有我的一个女同事，她司法考试多年没有过，据说她曾向男朋友发誓：不过司法考试，绝不结婚！她男朋友表示大力支持。去年她又参加了法考，结果客观题通过了，又在主观题上绊住了。她终究拗不过青春，今年国庆节结婚了，因为她想放弃法考，选择爱情。10 月份她在没有任何准备的情况下参加了主观题考试，结果过了！

有人说，如果生活太难，不如放过自己。放过自己是一种暂时的潇洒，改变一下策略和思路而已，学会宽容和感恩，学会舍得和放下，可能那道久攻不下的坎，不攻自破。

真正认可你的客户，一边对你表示不满，一边经常有事找你，而那些对你赞不绝口面带微笑的客户，可能已经悄悄离你远去。

我有一个客户，当案子胜诉的时候，我期待得到他的认可，但他每次都是不动声色，从不表达赞许。当我出现一点失误的时候，他会毫不客气地指出来，非常较真，我们有时争吵起来，他大发雷霆，我也据理力争。我以为，从此得罪了他，然后战战兢兢，小心翼翼地打电话，他却像没事人似的，好像我与他没有发生过任何矛盾。

起初，我很是不适应，每次红过脸，都以为我们要决裂了。他还是照旧找我做案子，还是照旧发脾气，还是照旧不动声色。渐渐地我适应了他。

我回首这几年，发现我们吵得最厉害，合作的时间却最持久，关系最稳定。我们应该感恩骂你的人，因为他既欣赏你的优点，也容忍你的缺点，让你不断进步。

倒是有的客户，表面对我客客气气，赞不绝口，稍有不顺，悄悄别离，却无笙箫，挥手而去，不带云彩。

最近一个上市公司的老板被抓，给我震动很大。四年前我是他们公司的法律顾问，那时我们经常见面。我曾经给他们打过一个官司，结果不好，后来法律顾问业务就终止了。我还是很关注他们公司的发展，我看着这家公司一天天壮大，直到后来在主板上市，心里也高兴，只是再也没见过这位老板，除了在微信朋友圈和电视上。

没想，他出事了，那几天我非常难过，好像我有什么过错一样。

我就反思自己：那时是不是应该主动找他聊聊法律风险管理的业务啊？是不是应该经常提醒他加强公司的合规管理啊？是不是应该……

无论你走的多远，哪怕天涯海角，哪怕万水千山，家永远是你心灵的港湾，亲情永远是你的充电桩。

母亲在时，我每次回家就坐在母亲身边，听她没完没了地唠叨，鸡毛蒜皮，家长里短的，在唠叨声里我回到童年，找到初心，获得安宁。母亲走了，家里冷清了，父亲是一个不爱说话的人，加上年老耳聋，我每次打电话，那头常常是沉默。

天冷了，我打算回家把父亲接到上海来。哥哥不同意：你自己在家，白天上班这么忙，还经常出差，留他一个人在家不方便，老家里有我们照应，你在外好好工作就行了，不用牵挂。

其实，我还有个顾虑：我不想让老人在深夜里等着我出差回家，我不想让老人看着我身心疲惫地倒在沙发上睡着，我不想……

我还是决定回家看望一下老父亲，在拖延了两周后终于成行了。

临出发时，一个同事到办公室送我一袋柿子，还交代我其中一个熟透了，赶紧吃掉。我打开袋子，小心地拿出那个熟透的柿子，它非常脆弱，一戳就破，但它竟然完好无损。

我把它放在太阳下，阳光一照，红彤彤的，像是红灯笼，晶莹剔透，太诱人了。

我忍住了，决定把它带回家，给老父亲吃。父亲的牙掉没了，硬的水果不能吃，这个柿子应该是最好的礼物。记得小时候，父亲知道我喜欢吃柿子，就经常给我买，我用一根麦秆轻轻地把柿子的脆弱的皮戳开，甜蜜的汁液吸入嘴里，柿子就瘪成了一个空壳，嘴甜甜的，手黏黏的，吃完我就咧着嘴开心地笑。

我把这个熟透的柿子安放到一个纸盒里塞进行李箱，把它带上了高铁，一路像精心守护一个刚出生的婴儿一样，唯恐有人挤破了它，4个小时后到站，下车后租车，我又驱车100多公里，终于到家。

父亲正在院子里的太阳下，带着老花镜看书，听见我的喊声，赶忙起身进到屋里，端出一个碗来，说：你五嫂给我的，我给你留了一个，可好呢，赶紧吃。

我放下行李，接过一看，是一个熟透的柿子。我把它放在太阳下，阳光一照，红彤彤的，像是红灯笼，晶莹剔透，太诱人了。

我看着80多岁的父亲的饱经风霜的爬满了皱纹的脸，忍着泪水把柿子慢慢地吮到嘴里，一直甜到心里。

回程时，是周日的晚上，我带着大姐做的水煎包，在南京下车。我按照太太发来的微信地图，打车找到那个小区。天下着小雨，淅淅沥沥的，有点冷。出租车转悠了两圈，也没找到大门。南京这个经常路过的城市，其实对我来说很陌生。

太太说她也是。

　　她刚刚被调任南京律所的执行主任，加上原来的三家律所，她一周要跑四五个城市，周末也经常加班，我们自然是聚少离多。要想见面，必须提前预约，有时约好了，中间也有变化，就打乱了计划。

　　2019 年的智合论坛，我和太太同时被邀请参加，我们在上海中心的会场入口邂逅，拍了一张合影后，她就消失在人群中。她何时离开的，我也不知道。那天她是急着去南京办理交接。

　　她说，南京一个熟人也没有，她住的小区附近连个吃的也找不到，东西南北都分不清，所以刚才她在电话里瞎指挥那个出租车司机，使你们绕了很远的路。

　　当我冒雨找到她住的小区大门时，她的头发已经被打湿了。我看着她幸福地吃着热乎乎的包子，头发上的雨水滴到脸颊上，和泪水一起流下来。

　　"月落乌啼霜满天，江枫渔火对愁眠。姑苏城外寒山寺，夜半钟声到客船。"在人生的旅途中，我们都是来去匆匆的过客，不念过去，不畏将来，不负余生，珍惜现在，过好每一天。

业务篇

·法院·

花钱请律师到底有没有用

花钱请律师到底有没有作用？律师的价值体现在哪里？

尽管李嘉诚说过，"没有律师的意见，我不敢在合同上签字。离开了律师，我什么也做不了"，但是依然会有人提出以上疑问，毕竟首富是不会为律师费而纠结的，大部分人还是想把钱花在刀刃上。

有人说，对于疑难复杂的诉讼案件，即便没有律师参与，法官也会作出公正的裁决，毕竟客观事实就在那里。

果真如此吗？

首先法官是中立的，不会主动帮你取证，尤其是你自己手里的证据，他不会帮你选择哪些可以用，哪些不可以用，哪些对你有利，哪些对你不利。如果你不懂，只能通过律师来帮你把客观事实变成法律事实，把你的材料变成说服法官的证据，让最终裁决无限接近你的主张。

案件的成败就是用证据说话，律师的大部分工作其实就是帮助客户在废品中寻宝，在大海中捞针。这个过程是最关键的，最费脑筋的，也是最能体现律师的专业、经验和价值的地方，律师最终为客户开出对症下药的方子，我们叫作证据清单。证据清单的制作精准与否，决定了案件的输赢。

其次，并非每个法官都会比律师更加专业。就说建设工程的案子吧，有些法官对于建筑行业的知识就不太了解。我有一个案子，标的额也不大，仅一审开庭就达 6 次，时间持续接近 6 个月，而且在 250 多公里的外地，加上立案和二审，我一共开车去了 9 趟，为什么进展这么慢呢？因为每次开庭前法官都有新的问题向我咨询，比如设备费与分项分部工程费的关系是什么？规费和措施费是什么？费率怎么计算？然后就有新的思路，就需要重新组织开庭。再比如，有的法院，我们把鉴定材料寄给法官后，法官打电话来问，你们寄的是什么图纸啊？好像是施工图啊，我要的是竣工图，我说这就是竣工图，然后和她解释施工图和竣工图的区别。

有一句话，要记住，无论什么行业，专业的事情一定要用专业的人去做，否则必定事倍功半，甚至吃大亏！

有人也许会说，简单的诉讼案件，自己就可以做，更不需要请律师。

我举一个简单的案例：民间借贷，就是借钱的案子。

一个客户说，她的一个同学借她 100 万元，到现在也不还，怎么办？事实清楚吧！

我问：你有证据吗？

她说有，借款协议和打款记录。

有事实，有证据，是不是完全可以自己去打这个官司了？但是这个客户没有自己去做，而是委托了我。

我先确定这个案子的管辖法院，被告的户籍是温州，客户说被告有房子在金山，我就去金山调查被告有没有在上海办理居住证，结果没有。我就以被告房屋所在地法院起诉，结果金山法院说需要先拿到被告在这个房子的居住证明，我就去居委会和街道办开证明，结果该房子出租，不能开居住证明。

不能在金山法院起诉，难道要去温州的法院起诉吗？如果被告常年不在家，估计当地法院也不会轻易受理，即便受理，我也不想舍近求远。

我就考虑合同履行地，问客户她是从哪个银行转账的？她说是淮海中路的工商银行，应该是长宁区的，我于是就去长宁区人民法院起诉，长宁法院的立案法官说这个地方应该是徐汇法院管辖，不应该他们受理。于是我就去徐汇区人民法院立案庭，徐汇法院的法官拿出地图查了半天，说这个地方应该是长宁区法院管辖。

我说，我专门去这家银行看了，他们的营业执照是徐汇区工商局发的。

法官说，这家银行所在的位置刚好是长宁区和徐汇区的交界处，按照行政区划应该是长宁区的。这样吧，我们和庭长请示，让两家法院的领导沟通，确定好了，再通知你好吧！

只能这样了！

一周后，法院通知说，你去长宁法院立案吧，就这样，一个简单的借贷案子跑了三个法院，折腾三周才给立案。

后面的诉讼并不顺利，因为被告不配合，拒不接收传票，法院只好公告送达，1 年后判决书才生效。执行更加不顺利，因为被告房屋有租客，拍卖遇到了很多障碍，律师给执行法官打电话不下 50 个，亲自去找法官不下 10 次，最终这个案子从委托到执行到位，接近 2 年时间。

这个看似简单的案子，尽管和法律专业关系并不大，但是过程中困难重重，需要解决很多问题，既有脑力劳动，更有体力劳动。

如果当事人自己去做呢？很多人说，可能就放弃了。

有很多律师反映，客户抱怨，说律师收费很高，其实工作量并不大，有的还拖欠律师费，甚至反悔不给，还争辩说，早知道这么简单能解决，就不找律师了。

有时候，客户找律师做的事情，确实很容易就解决了，但是你有没有想过：如果你不找律师，就不可能这么快解决，或者根本解决不了呢？

我就拿两封律师函来说吧。

一封是我为一个要求开发商退房的客户发的律师函，他在湖南买的2套房子，花费80多万元，他买房后就后悔了，不想要了，和对方协商，对方就是不同意。我仔细了解案情后，发现购房合同是和一个当地的公务员签的。我就发了一封律师函，两周后房款到账。

一封是我替一个要退学费的客户发的，是发给一个著名高校的律师函，学费58万元，因为学校疏忽，没有为她录入学籍，她毕业答辩时发现没有学籍，自己和学校协商，学校说最多退10万元，她就找我和学校交涉。我发了一封律师函，结果学校全部退款。前后不到一个月，客户惊喜万分。

一封律师函，就可以帮助客户拿回几十万元甚至百万千万元，就可以收取律师费，是不是很简单啊？

其实不然，律师函，或许就是一页纸，但分量很重，有律所盖章，有律师签字，起草时字斟句酌，字字含着法理，句句透着威慑，说一字千金也不为过，或许是律师用一个小时写就，却是他十几年专业律师的职业凝练，对于心虚的对方当事人来说无疑是一颗重磅炸弹。

我经常遇到这样的公司，老板说张律师讲得不错，很有道理，但是公司常年没有多少事情，请个法律顾问吧，也就修改几个合同，咨询几件事，也没有官司，所以请法律顾问没有效果。

我说，法律顾问是事前防范的屏障，如同一个人的身体，平时如果不好好保养，一旦生病就悔之晚矣。如果一个法律顾问，修改了几个合同，咨询了几件事，公司没有发生官司，恰恰说明法律顾问的重要性，可能律师给你修改的一个字就避免了诉讼纠纷，避免了重大损失，难道不值得庆幸吗？

有客户找律师出具法律意见书，比如并购的法律意见书，比如基金公司备案的法律意见书，律师报价后，他嫌高，说也就是盖一个章，走一个形式，没有多少工作量的，就和律师使劲地砍价。

律所盖章本身就是风险，只要律所盖章，就要为自己出具的法律意见书承担责任，这其实是公司将风险转移给律师事务所的一种方式。

君不见，某某上市公司被发现信息造假被证监会处罚，律师事务所也会受到相应的牵连，轻则警告罚款，重则停止执业吊销执证，甚至还有刑事责任。

再说，无论客户怎么说"事情很简单，盖个章就行"，作为律师也不会粗心大意，应该会去做严格的法律尽职调查，才能出具法律文书。律所和律师要为自己出具的法律文书的事实和法律意见承担责任。这是法律的要求，也是律师职业道德的要求。

因此，律师既然接受委托，就要认真工作，就要与客户一起承担风险和责任，这能说请律师没有作用吗？

有人说了，律师确实很辛苦，律师的作用和价值也很大，为什么有的案子，花钱请了律师，最后也是败诉呢？

当事人不能要求律师打官司一定能赢，为什么呢？理由有很多，最主要的是两个：

一是，律师提供的是法律服务，不是出售产品。服务是一种过程，产品是一个结果。律师只能努力寻求实现美好结果的途径，努力争取实现一个好的产品。但是服务和产品有时不可能完全对等。

二是，诉讼的结果是由很多因素决定的。包括但不限于案件事实、当事人能够提供的证据、法官的个人情感和专业度、社会影响、政治因素等。

一个辩护律师努力为一个"杀人犯"做无罪辩护，结果这个被告被判死刑，是律师的错吗？几年后，死者自己回家了，真相大白于天下，冤案被平反了，谁的错呢？

当然这是极端的例子。可是更多的时候，当事人明明觉得官司可能会输，他还会请律师，为什么呢？

他请律师，可能是心里没谱，存在侥幸心理，说不定赢了呢？

他请律师，可能是因为他自己没时间，需要律师替他应付。律师的价值中，时间成本是一个重要因素，国外律师一般都是按时间计费的，你想啊，律师把时间都花在你的案子上，就失去了接其他案子的机会和做其他案子的时间，难道不是损失吗？

她请律师，可能是因为对方太强势，为了找律师替她说话，她需要支持和依靠。

她请律师，可能是为了找人倾诉，律师就成了她的倾诉对象，成了心理咨询师。

他请律师，可能是为了转移烦恼，自己就不用面对烦心的事和烦心的人，把烧脑的事情交给律师。马云刚刚说过，一个好的律师，几乎都是秃顶的，现在理解，不无道理，因为太多烧脑的事情，给律师带来压力，导致律师头发的减少。

上文是针对一些当事人的误解，结合自己的办案经历阐述了律师的作用和价值，尽管有老王卖瓜的嫌疑，却也都是事实和肺腑之言。但是最后不能不说的一点是，律师不是神，不是万能的救世主，律师不是所有事情都能解决，更不是所有案件都能打赢。

一定要摒弃那种"我花了钱请律师，律师就该为我打赢官司"的错误理念，律师的权力是有限的，有时也是无奈的。比如你要求律师去银行调取别人的账户，比如你陈述了一个客观事实，没有提供任何证据，却要求律师为你打赢官司，比如被执行人没有财产，非要求律师想办法拿到钱，这都是让律师非常尴尬的要求。

说了这么多，无非是想告诉客户，请律师是有作用的，不是白花钱的，但是有一个前提，一定要找一个靠谱的律师，起码是情商和智商较高，专业和能力较强，怀善良心、有责任感的律师。

律师靠不靠谱，关键看这几点

经常听到有人说：这人靠谱吗？

经常听到有当事人说：这律师靠谱吗？

靠谱，曾几何时，成为大众普遍接受的褒义词，意思是可靠，值得信任和托付的意思，用在律师身上再贴切不过了。所谓"受人之托忠人之事"，大部分当事人不会考虑，你是不是一个大律师，是不是一个知名律师，只要靠谱就可以了。

其实靠谱这个词，大众寄托的内涵还是挺丰富的，我认为律师靠不靠谱，关键看这几点。

一、看他是不是轻易承诺，拍着胸脯说大话

为了签下合同，拿下案子，在当事人面前高谈阔论，轻易承诺：没问题！包在我身上！这个案子很简单！这样的律师，靠谱吗？你敢用吗？

为了从别的律师手里抢得案源，对当事人拍着胸脯说：这个承办法官是我同学！放心吧，我能搞定！这样的律师，靠谱吗？你敢用吗？

靠谱的律师，对每个案子都会认真对待，在他眼里，没有小案子，没有简单的案子，他都会去精雕细琢，争取把每个案子做成完美的工艺品。尽管他对这个案子有十足的把握，但也绝对不会向当事人打包票，他仍然会客观实际地分析案情。他会指出法律上应有的权利和事实上可能存在的风险。

靠谱的律师，有着悲观主义的倾向，甚至有一点强迫症，总是把困难想得很多，做起案子来小心谨慎，唯恐有什么闪失，直到完美结果呈现时，他才会露出轻松的微笑。"待到山花烂漫时，她在丛中笑。"

二、看他是不是不懂装懂，还咋咋呼呼的

有一天，我去加油站，服务员打不开我的油箱了，我就近到路边一个维修店，车子还没停好，立刻围上来三个维修工，问这问那的，非常热情，他们没有报价就开始给我鼓捣，可是一个小时过去了，还是没有找到问题在哪，最后说他们修不了。

我只好开车去 4S 店，路上忽然感觉车子不灵敏了。到了 4S 店，引导员先把我的车子停到指定位置，然后拿出价目表，再安排师傅对接，师傅很快就找到解决办法，帮我修好了。我又提出

车子不灵敏的问题，师傅检测后说，车头的保险丝没有了，是谁给拔掉了？我突然想起，那个维修店的一个师傅曾打开我的车盖鼓捣了一阵子，好像口里说着是不是这里啊？

这次修车经历给我的经验教训：（1）不要贪图便宜，要找正规的维修店，找专业的人做专业的事，哪怕成本再高；（2）不专业的人，不仅不能帮你解决问题，可能还会给你带来更多麻烦，甚至产生更高的费用。

其实找律师提供法律服务不也是一个道理吗？

不靠谱的律师，不懂装懂，把简单的事情复杂化，故弄玄虚，结果导致本来可能胜诉的案子败诉，本来可以快捷办理的案子走了很多弯路，让当事人的成本加大，利益受损。

三、看他是不是收费合理、合规、合法

律师费，是当事人最为关心的问题之一。当事人需要了解的现实是，尽管主管部门对律师费规定了指导价，但在不同的律所之间，不同的律师之间，甚至同样的律所不同的律师之间，律师费的收费会千差万别。对于当事人来说，怎样把握收费是靠谱还是不靠谱呢？

1. 有没有私自收费

靠谱的律师绝不会私自收费，他会和你签订正规的委托代理

合同，让你将律师费交到律所账户，然后给你开具正规的发票。

2. 会不会产生新的费用

很多当事人关心的是，我们签订了合同，约定好了律师费，中途会不会再收费？不靠谱的律师，开始收费会很低，但是中间会不断地以各种名义加收费用，最后让当事人付出高昂的代价。

我曾经有一个外地的案子，签合同时估计不会很复杂，费用收的也不高，结果做起来情况层出不穷，开了不下十次庭，时间持续一年多，过路费、油费、食宿费几乎超过了律师费，到最后其实就是赔钱的，这还不算时间成本和智力成果，但我一直没有要求当事人增加律师费，也没有任何抱怨，还是兢兢业业地把案子打赢了。

为的是什么？就是一个诚信，定下的契约就要遵守。孟子曰：人有不为也，而后可以有为。为的是走得更远，做得更大。

3. 收费是否合理

在谈律师费的时候，有当事人经常会问我这样一个问题：如果案子在诉讼期间调解了，或者一个律师函就解决了，是不是律师费要减少啊？

我会反问当事人这样一个问题：你是看重案件的结果呢，还是过程啊？

当事人回答：当然是结果了！

我说：那为什么还要减少律师费呢？

当事人说：因为律师付出的时间和精力少了。

我说：那你可以去找一个不靠谱的律师，他完全可以让你的案子复杂化，或者走更多弯路迟迟得不到解决，你同意把律师费提高吗？因为他付出的时间和精力多了啊。

当事人：……

一个靠谱的律师提供的法律服务，其背后得以支撑的是深厚的理论知识和丰富的实践经验，是长期形成的专业素养，相对应的实际上就是律师的市场价值。资本论告诉我们，价值决定价格，你还计较吗？

四、看他是不是应付差事，还是以诚相待

很多人说，律师很冷酷！这是在夸呢，还是在贬呢？我理解，冷，是指理性很足，起码智商不差；酷，是比较潇洒，有个性。但我认为，大多时候，律师是在装冷酷，是为了表演给当事人看的，故作神秘感而已。我们经常是，西装革履打领带去见客户，正襟危坐谈案子，待到客户走了以后就迫不及待脱掉西装，恨不得来一个葛优躺才好。

其实，我认为，做真实的自己即可。律师也是人，有血有肉

的人，不能"偏科"在智商上，还要注重情商。

我总结律师和客户关系的三种境界：

（1）公事公办。律师将当事人拒于千里之外，保持一种神秘感，机械办案，被动应付。这叫被动服务。

（2）礼节性交往。严格按照合同约定的办事，不多不少，不近不远，保持一定距离，但不失礼貌。这叫等值服务。

（3）兄弟式交往。把客户当作亲人，把案子当作自家的事情，与客户推心置腹，即便超出合同范围的事情也会不遗余力地提供帮助。这叫超值服务。

不靠谱的律师就是：拒人于千里之外，避重就轻，回避问题，逃避困难，没有责任心，甚至推脱责任，只拿钱不办事。

我认为律师接受一个案件，就是接受了一个角色，应该全身心投入剧情，同当事人同呼吸共患难。我经常随着案情的跌宕起伏，而表现出喜怒哀乐，所以常常拿得起放不下，感觉压力巨大，所以常常需要寻求一些解压的方式，比如夜晚一个人走路、比如把出差当作旅游。这样做可能很累，但结果，我收获的是客户的信任，更多客户成为我的朋友，甚至成为我的亲人。

五、看他是不是及时沟通，及时反馈

所有的当事人都希望自己委托的律师能够全天候地随时为他服务，甚至随叫随到。尽管这是不可能的，也是不现实的，但是保持电话畅通，总是可以的吧？有的律师手机总是关机，好几天都找不到人，这是靠谱的律师吗？阶段性地向当事人汇报案件进展总是可以的吧？有的律师，从来不会主动联系当事人，只有被动应付，出现问题就往当事人身上推，这是靠谱的律师吗？

及时和当事人沟通，既是为了增强客户的体验度，又是办好案件的必要条件。

十年前我在北京执业时，代理过一个借贷纠纷的小案子，我递交起诉状后一周内法院来了缴费通知，我就把这个缴费通知书寄给当事人，告诉他一周内要到农业银行缴费，他接到缴费单后还和我确认了一下：是不是北京所有的农业银行都可以啊？结果在我收到开庭传票后，法官问我怎么没有看到诉讼费缴费单据呢？我问当事人，当事人惊呼道：忘记了！法院只能按照撤诉处理，我们只好重新起诉，这样折腾一番后就过去了三个月，加上公告送达，一个小案子打了接近一年。

如果我当时三番五次地提醒他一下就不至于这样了，从那以后，我就记住了：要及时和当事人沟通，及时反馈，及时提醒，有时我会主动垫钱帮当事人缴纳诉讼费。虽然这样有风险，但为了做一个靠谱的律师，也值！

因为信任，所以托付。对于当事人来说，找一个靠谱的律师，你的权益才能得到保障；对于律师来说，做一个靠谱的律师，以诚待人，以信立人，你的客户才会越来越多，你的事业才会越来越大。

做专业律师还是关系律师

　　这可能是一个伪命题，因为几乎所有的律师都会选择第一个答案。但是现实中，却不乏大量的以"关系"自居的律师，甚至专业律师也会在某些情况下，不自觉中失去自己的立场，暗示当事人自己有着人脉关系的优势。

　　为什么会存在这个现象呢？无非是为了拿到更多案源而已。获得更多的案源，是每个律师的首要任务，无可厚非，但是方式不当，就有点不正当竞争的嫌疑。

律师抢案源，是不是不正当竞争

　　最近有个公司的副总经理找我处理一件棘手的案子。我给他分析这个案子的利弊，尤其强调了风险，因为我办理案件的风格就是尽量把事情想得很糟，尽力把事情办得很好。客户也很认可这种实事求是的态度，上午当即就把合同签了。

　　我正准备启动案件程序时，这位副总经理告诉我，老板又见了另一位律师，那位律师说他就是那个法院出来的，认识法院的所有法官，这个案子他能搞定。老板问他，张律师有没有说能搞定法官啊？副总经理答没说。于是老板当即和那位律师签了合同，并支付了律师费。

　　上面那个案子，我无法验证那位律师究竟有没有找到所谓的"关系"，因为是刚刚发生不久的，但下面的这个案子却有了结果，得到了验证。

　　有一个法律顾问单位前年在南昌被一家公司告了，老板很着急。我从法律上分析了案情，作出了应对之策，当然还是实事求是的态度。顾问单位老板问我，南昌有关系吗？我说有——我们在南昌有分所，可以协助我们的工作。

　　这显然不是他想要的答案。在其朋友的介绍下，顾问单位老板和一家当地的律所面谈，那家律所的李律师说，他认识这个法院的院长，而且当着老板的面就给院长打电话。老板信以为真，不顾我之前的风险提示，就决定委托那家律所且当晚就把律师费交了。

　　两个月后，法院直接把法律文书寄给了我，结果不太好。我把这个不好的结果告诉了老板。老板拿起电话就问："李律师，那边法院的情况怎样啊？"李律师回答："没问题啊，你就等好消息吧！"只把老板气得几乎把手机都摔了。

　　如果说第一个案子是不正当竞争，违反职业规范的话，那么

第二个案子就有些欺诈的嫌疑，完全违反了律师职业道德，应该
受到处罚。

关系律师会有市场吗

关系律师或许会一时得逞，通过这种手段可能会拿到一些案
件；而专业律师或许会受到一定的损失，有时是案源的丢失，有
时是心理的伤害。但我认为，最终专业律师走的会更远，所谓日
久见人心。

我的一位同事办理过一个刑事案件，最初检察院准备以贪污
罪起诉，后来经过这位律师的努力和检察院的进一步调查，最终
才以职务侵占罪起诉的，判刑一年多，当事人和家属都很满意。
但期间家属对代理律师的态度有过波折，因为最初律师给他们分
析说过，如果是贪污罪的话量刑在十年以上（那时还没有出台《中
华人民共和国刑法修正案（九）》），要有思想准备。结果呢，
家属对此非常失落，情急之下又请了一位所谓的大律师。但据说
这位信誓旦旦的大律师，除了会见了一次外，没有任何新的观点，
最终还是我的这位同事的努力见了效。

做律师先做人，我一直奉行这个宗旨，专业是第二位的，人
品才是第一位的。为什么这样说呢？假设一个律师不讲诚信不负
责任，他最多发挥三成的专业能力；假设一个律师专业差点，而
能够全心全意去做案子，他会发挥到十成的专业能力。专业律师，
尽管不会夸夸其谈，尽管不会信誓旦旦，但金子总会发光，终究

会得到当事人的认可。

关系律师的风险其实很大，经常因为没有满足当事人的需求，没有实现当初夸口的承诺，而屡屡被当事人投诉，甚至还有因为涉嫌欺诈或诈骗被追责的。时间久了，关系律师会露出他的真面目，就像滥竽充数的南郭先生一样，迟早会夹着尾巴逃走的。有些时候他甚至会付出更大的代价，君不见，某个法官或检察官出事，一定会扯出一串人来，其中少不了关系律师。

法官怎么看这个问题

有的时候，律师打关系牌不都是为了恶意抢案源，或者刻意欺诈，更多的是为了迎合当事人的心理需求。因为很多当事人都有一个认识误区，一提到打官司，就想到找关系，开口就问律师，你这个法院有关系吗？你认识这个检察官吗？你在这个公安局有关系吗？

中国社会很多地方是关系社会、人情社会，但并非全都如此。我曾经和一个法院的法官推心置腹地探讨过这个问题。法官说，他们最喜欢专业的律师，专业律师能够给他们法官提供正确的审理思路，人情关系干预的情况让他们很头疼，法官也不能在某一方没有充分证据和法律支持的情况下就判其胜诉，毕竟有合议庭和审委会，还有二审甚至再审。更重要的是法律人的职业道德，法官要保证判决书经得住公众的考验。

我非常敬重这位法官的职业操守和理念，尽管她在基层法院，但我认为她可以代表绝大部分法律工作者的思想境界。这一点可以从我在外地打官司得到验证，外地法院没有因为你是外地当事人和律师就表现出地方保护主义的倾向，还是尊重事实和法律的。他们表现出来的高度的职业操守和敬业精神值得敬佩，让我们看到法治中国的未来和希望。

有一次在一个省的高院开庭，因为案子复杂，开庭持续到晚上七点多才结束，外面下起了大雨，出门时我听见对方当事人说，法官，我们有车送您回去吧？法官客气地说，不用，然后自己撑着伞，消失在雨中。

在司法环境越来越好的今天，建议律师同行还是多研究一些专业，少研究一些关系，多钻研一些业务，少勾联一些人脉，多一些真诚，少一些虚伪，多一些责任，少一些欺诈，多一些正道，少一些歪门，我们的律师道路才会越走越宽。

姜太公可以秀自己，
律师有何不可

我们都知道刘备三顾茅庐，寻得诸葛孔明，有军师协助才得以三分天下。试问：为什么诸葛亮在卧龙荒岗搭个茅庐，住进去，就能找到明主，实现自己的抱负？

他有没有作秀之嫌啊？

我们知道周文王在渭水之滨得到姜子牙，有太师辅佐方能灭商建周。试问：为什么姜尚70多岁了还在河边用直钩垂钓，结果没有钓到河鱼，反而钓到贤君？

他有没有作秀之嫌啊？

我们知道唐代诗人刘禹锡描写东晋权贵的诗句"旧时王谢堂前燕，飞入寻常百姓家"，其中谢家的代表人物谢安，指挥了淝水之战，使之成为中国历史上以少胜多的经典战例。试问：早年他为什么屡次辞官，躲进东山游山玩水，而后官至宰相，名垂青史？

他有没有作秀之嫌啊？

三人成功的例子告诉我们：纵然你有真才实学，也需要用适当的方式秀自己，才可以有实现自己理想和抱负的机会。

自媒体发达的今天，无论是企业，还是个人，都有了更多可以秀自己的渠道和机会，再也不需要跑到河边晒着太阳顶着压力冒着"姜太公钓鱼，愿者上钩"的风险。

律师作为法律服务的提供者，越来越成为"作秀"主力军的一支。

有一次我和客户一起去外地出差，刚好是一个旅游项目的尽职调查，我们去景区实地考察时，我就发了一个微信朋友圈，内容是关于秀丽风景的描述和感叹，有时即兴来一首打油诗。客户看了，羡慕地说："做律师真好，多自由啊，我们不敢发微信，让老板看了还不骂死啊！"

律师为什么喜欢发微信秀自己呢？

公司的老板有没有产生过这种感想：我的产品物美价廉，要是能找到更多需要的客户多好啊，客户受益，我也受益？

律师同行有没有发出过这种感慨：我做的案子非常成功，收费也不高，希望能服务更多的客户，给他们带来切实的帮助？

所以，老板秀自己，是为了更好地推销产品；律师秀自己，是为了更好地推销自己。

既然律师是自由的，是不是就可以毫无顾忌地发朋友圈，没有原则地秀自己啊？

当然不是！

律师作秀四要

一要客观真实

创建公众号，写原创，一定要保证案例是真实的，不要虚构和夸大。我在我的公众号"张刚看法"里写的文章，几乎都是我自己代理的案件，而且很多是败诉的案件，没有去刻意隐瞒和虚构事实，而是努力想告诉大家其中的经验教训，达到吃一堑长一智的目的，让读者真正学到东西。当然法院公布的判例也可以引用，因为它是真实的；最新法律法规可以宣传，因为它也是真实的。

我们转发文章，尤其是对于不明真相的"新闻"，最好不要转发，因为你没有调查就没有发言权，很可能会给你的朋友带来误导。

二要弘扬正能量

我见过有的朋友发朋友圈，内容几乎都是抱怨，发牢骚，满满的负能量，让人看了厌烦。情绪是可以传染的，本来大家生活压力这么大，打开微信看到这样的朋友圈，是不是感觉情绪更加低落，生活无意义啊？

如果是看到美景好图，加上哲理性的诗句"不要人夸颜色好，只留清气满乾坤"，如果是看到"指点江山，激扬文字，粪土当年万户侯"的浩然正气，会是什么感觉呢？

如果大家遵守这个约定，人人弘扬正能量，让自媒体迅速发酵，这个世界终将变得更加美好。

三要劳逸兼顾

有的人，天天只是发自己产品的广告，天天发自己专业的介绍或判例，美其名曰"专业"，但有没有想过你的微信是对你的所有朋友开放的，不见得所有朋友都是对口的，有需求的，更多的人看了难免会产生疲劳感。

如果在朋友圈穿插一些生活的情趣，旅游的心得，家庭的美味，朋友的聚会，客户的派对，学习的培训，让人感觉你的生活是五彩斑斓的，是灿烂多姿的。如同读一篇文章，一定要有抑扬顿挫，有起承转合，才有韵味，如果从头到尾只是一个声音和腔调，未免会枯燥和乏味。

劳逸结合，本来就是一种生活方式，劳逸兼顾的"秀"，更能体现一个人的情趣和情怀。

试想：谁会拒绝把重要的案件交给一个专业而有情怀的律

师呢？

四要讲求适度

我不赞成一个人一天发几十个甚至上百个朋友圈，而且都是转发，没有一个是自己原创的，这叫"刷屏"，于人于己都不利，对自己来说是浪费时间，对别人来讲也是时间浪费。

好的文章大家都转，这叫分享；不好的文章乱发，这叫误人子弟，不负责任。

律师作秀四忌

一忌蹭热点

因为自媒体的发达，最近热点很多，也很容易发酵，可以理解大家对于热点的关注度较高，有些人，包括律师，就喜欢蹭热点，大做文章，不容置疑，文章的点击量也很高，个人的曝光率也很大，或许很快就能赚取大量粉丝，甚至一夜成名。

但事实证明，没有几个人靠炒热点成就一世英名的，而且更多的名，不是好名，而是坏名。要知道，无论你站在哪个制高点，都是群众围攻的焦点，口诛笔伐的对象，所谓众口铄金，就是这个道理，不会有好结果。

二忌触敏感

律师对于敏感的案件，不要刻意宣传，不谈敏感的话题，不去发牢骚，不去煽风点火，应该低调，保护自己，安全第一。

三忌谈政治

我们可以关心政治，但不要妄谈政治，因为政治是政治家们的事情，我们不懂不要装懂，还是做好自己的本职工作吧。

四忌暴隐私

这里的隐私是指别人的隐私，尤其是指客户的隐私，这是律师职业道德的要求。例如，发判决书或其他法律文书一定要隐去当事人的名称和地址，这是基本的要求。

发朋友圈之前一定要三思而后行，想想会不会涉及个人隐私的问题，有些内容适不适合公开等。

律师作秀，是自我风采展示的一种必要方式，但要讲求尺度和方法，凡事适可而止。

子曰"人无誉堪存，誉非正当灭"，古人告诫我们，一个人没有名气，仍然可以平安无事，如果不择手段，沽名钓誉，只能是走向毁灭。

出差是常态，
律师如何自得其乐

有人对我说：张律师，您是走到哪，玩到哪，拍到哪，写到哪啊。

我明白他的意思。

我有几个案子在外地，出差的时候，我会利用开庭的空隙去拜访当地最著名的景点，经常会有很多感悟，甚至即兴来一首诗。有时把自己感觉有意义的故事写成文章，比如《律师故事之上错车》《律师故事之智勇脱身》《律师故事之楼阁情节》。

其实，有人只看到我朋友圈的风景名胜和美言美语，不会想到律师背后的艰辛和压力。我是利用别人睡懒觉的时间早起，到黄鹤楼附近转一圈；在开庭结束后高铁发车前，匆匆去逛一逛滕王阁。

这也是一种排解压力的方式。正如有人说，生活不只眼前的苟且，还有诗和远方。

前几天去安徽宣城开庭，是因为几个施工人员把我的客户告了，要求支付工资，未曾想开庭出奇的顺利，六个案子一个多小时就结束了。因为时间早，我决意带着助理去不远处的敬亭山看看。

年前也来过宣城，也是几个施工人员的案子，工程项目是一个，只是原告不同，那次开庭非常艰难，险些被原告及其家属群殴，当然就没有心情游玩，我们是心惊肉跳地离开宣城的。

但敬亭山的情结一直没有放下。山不高，却很有诗意——还意外发现一个动人的故事：李白曾七次来敬亭山，在这里饮酒作赋，大唐玉真公主为了追随李白，请皇帝去其公主名号来到敬亭山，后香消玉殒在此。所以李白的《独坐敬亭山》其实是一首情诗。

触景生情，发一朋友圈，配图：茶园竹林山泉李白玉真像，并赋诗一首：

鸟语花香醉，山空碧水流。

独坐敬亭上，诗仙为谁愁？

回来不久，就收到法院寄来的判决书，就是年前那个我们差点被群殴的案子，法院驳回了原告的诉讼请求，我们赢了！

西藏，是一个神秘的地方！如果不是因为案子，估计我这辈子都不敢去，也没有机会真正认识这个雪域高原——在一年的时间里，我去了三次，都是因为开庭。

为了不延误开庭，我定了浦东机场最早的航班，提前一晚去机场附近的宾馆住下，第二天不到4点起床，才得以准时来到位于拉萨的法庭；有一次回程还滞留在西安一天一夜。

开庭之余还是不忘风景。一次开完庭后，我去瞻仰了布达拉宫和大昭寺，又驱车亲近了羊卓雍措湖；一次开完庭后，我乘火车去了日喀则，参观了"一派生机静空生"的扎什伦布寺；而最近刚刚回来的一次开庭，尽管布达拉宫就在门前，可是我们哪里也没去，因为没有一点空余时间，工作为重。

这是一个建设工程的案子，我们完成施工任务后，上家没有和我们进行最终结算，我们只好把对方告到法院，要求支付欠付的工程款。一审法院判决驳回诉讼请求，我们选择上诉。在上诉状中最后一段写道：

最后轻轻地问一句：上诉人施工的钢结构工程去哪里了？难道自己跑了不成？

你见，或者不见它，施工单位干的活儿就在那里，不悲不喜；

你认，或者不认它，西藏会展中心就在那里，不来不去；

你查，或者不查它，审计报告就在那里，不多不少；

你鉴，或者不鉴它，钢结构工程就在那里，不增不减；

你信，或者不信它，公平正义就在那里，不偏不倚。

开庭前和主审法官闲聊时，他竟然特意提到这首诗，说张律师你这首诗在上诉状中用得很好，形象生动，很有共鸣！我一直惴惴不安的心情才放下，我以为法官会说我卖弄文采，不够严肃呢！

我的意思法官看懂了：建设工程施工合同，不同于一般的合同。买卖合同案件中如果没有相应的签收单和量的确认，假设当事人耍赖，法院真的不好认定。而建设工程案件的特殊性在于其标的是不动产，即便业主或发包方想抵赖，拒绝结算，不想支付工程款，法院完全可以通过第三方机构鉴定获得相应的数据和证据，因为建筑工程就在那里，跑不了的。

开庭过程很艰苦，但是我认为法官完全听懂了我的观点和法律逻辑，不管结果如何，不管维持，还是改判，还是发回重审，我坚信正义就在那里，因为我们有共同的信仰：法律。至少我们还有仓央嘉措。

我走出法院大门，在回酒店的出租车上，发现车里已经坐了一个藏民老者，在藏民下车付钱时，他掏了很久没有掏出钱来，或者是放错了口袋，抑或是忘记了带钱，我赶紧和司机说，让他下车吧，我来买单！没想到，那位藏民下车后双手合十向我深深地鞠了一躬。我极为震撼，也就是十几块钱的事，何必行如此大礼呢？藏民真的太淳朴可爱了！

　　律师这个职业的魅力就是，你不断地接受新的挑战，接触不同的群体，置身于社会最尖锐的矛盾之中，然后考虑如何运用法律的武器去维护当事人的合法权益，考虑如何做到受人之托忠人之事，于是常常纠结、困惑和苦闷，于是常常拿得起放不下，难以释怀。

　　律师光鲜的背后，更多的是责任和担当，还有正义和操守。我在想，如果背负着压力前行，你会步履蹒跚，如果把自己折腾得身心疲惫，你会寸步难行。

　　为什么不能把艰苦的生活努力过得快乐一些呢？努力做一个有情怀的律师，让生活更加丰富多彩，让工作更有激情活力。

打官司不是打关系

以前老百姓常说："打官司就是打关系。" 其实，这是外行人的说辞，我们法律人看来，打官司真的不是打关系，尤其随着我国法治建设的深入推进，公平正义越来越成为司法审判的主题。那么，打官司打的是什么呢？由我刚刚代理的一个案子，可见一斑。

案件的起因

2016 年 5 月的一天，一家培训中心的校长来到盈科，向我咨询一个纠结的问题。他们培训中心与一家管理公司签订了一份合作协议，期限一年，到期也不同意搬走，执意让培训中心补偿，经过几次会议讨论，他们同意只要对方尽快搬走，可以考虑对这家管理公司新租赁场所的装修进行补偿。

周校长说，这家管理公司的负责人不大好说话，不按常理出牌，动不动就提出各种很高的要求，甚至找到他们的上级领导，给集团公司带来一些烦恼。

我建议，先和对方谈谈。于是，我约了对方公司的联络人，据说是办公室主任，我苦口婆心地劝说，最好协商解决，如果走法律程序，对你们是不利的；如果公司尽快搬出使用场地，我会说服培训中心作出一定限度的、在合理范围内的补偿。办公室主任寸步不让地和我提条件，并说他们手里有大量的证据，可以证明原培训中心的负责人曾经承诺他们承担管理公司的所有装修费用。我问，大概多少钱？她说，至少 100 万元吧。

后来，管理公司不断地提高要求和条件，谈判陷入僵局。

周校长说，他们培训中心急着用场地，领导的压力也很大，管理公司又不依不饶，问我怎么办？

起诉，我说。

周校长坚决支持，说张律师我们要在法律允许的范围内据理力争，绝不妥协！

漫长的庭审

2016 年 6 月，我们起诉到上海某区人民法院。

我们的诉讼请求是：（1）要求被告搬离 ×× 房屋；（2）要求被告支付原告管理费 30 万元，水电费 162297.50 元；（3）被告负担诉讼费。

不久，我们收到法院送达的被告提出的反诉状。

对方提出的反诉请求是：（1）继续履行合同；（2）赔偿损失 7682225.93 元（这个数字是经过四次开庭后不断增加的最终数额）。

相比他们的反诉请求，我们的诉讼请求，简直就是小巫见大巫，我们还顶不上他们的零头呢！看来有一场恶战要开始了！

庭审先后进行了四次，经历六个月还没有结案，法官只好延期一个月。

为什么要经过如此漫长的庭审呢？因为本诉被告，也就是反诉原告的代理律师，每次开庭时都提出要补充新的证据，同时要增加新的诉讼请求数额。法官是一个耐心的法官，每次都会同意对方的要求，我也理解法官的良苦用心，是在尽量满足对方的所有诉讼权利。

我们作为原告提出的请求，因为没有太大争议，或者说被告的反驳非常无力，在此不再赘述。

且看被告提出的反诉请求的依据和原告代理律师作出的反驳意见。

1. 被告提出继续履行合同

理由：合同到期后，被告依然使用房屋，属于合同的自然延续。

原告认为，合同已经自然到期，且原告在合同到期前已经向被告发出合同到期不再续约的通知，被告占据房屋的行为，属于违约。

法官释明：合同继续履行和赔偿损失的请求是矛盾的，只能选其一，如何选择？

被告经过激烈的思想斗争后，放弃了继续履行合同的请求。

2. 被告提出的损失赔偿的依据

（1）涉案合同前的经营场所的装修费用，及搬迁费用。

（2）涉案场所的装修费用。

（3）涉案合同解除后的经营场所的装修费用和租金，以及员工离职的经济补偿金，宠物死亡的补偿金。

（4）被告应该获得而未获得的政府补贴。

为了证明以上主张，被告提供了大量的证据，每次开庭都需要至少三个人来搬运，所以也就不奇怪：为什么开庭耗了这么久？

其间，为了确定系争场所装修的折旧年限，法官问询了多家咨询机构，没有得到有效的答案，最后原告建议同被告协商确定，并作出让步。

最后庭审的核心，就是系争场所被告未能拆卸的装修部分费用，应该由原告承担多少的问题。

原告坚持，我们是守约方，被告是违约方，装修是被告一方的行为，原告要求被告恢复原状，我们不需要任何装修材料，让他们全都带走，也就是说，让原告承担部分装修费用，没有合同和法律依据。

一审判决

法院终于在 6 个月后作出一审判决，全部支持我们原告的诉讼请求，金额共计 462297.5 元，支持被告 20 万元的反诉请求，其余巨额请求全部驳回。

这样抵消以后，被告还要支付原告 262297.5 元。

客户非常满意，因为按照原告原来的期望值，如果协商解决的话，可能考虑会给对方一定的补偿，结果不仅不用补偿，还能获得一笔收入呢！

但在我们律师看来，法院一审判决原告负担部分装修费用（20万元），还是值得商榷的。

二审判决

不料，对方提起上诉，要求驳回我们的诉讼请求，全部支持他们的诉讼请求。

二审先后经过两次开庭。中院法官极力想给我们双方进行调解，我方也是想通过调解解决，无奈对方的要求太高，双方差距太大，最后经过和领导沟通后，我们决定不再调解。

对方不停地找法院法官，法官不停地找我们，还是力求和解，甚至对方负责人亲自找上门来，软硬兼施，我方立场坚定，尊重法院判决！

但在审限到期时中院迟迟没有下判，后来接到法院发来的一份裁定，决定延长三个月的审限，让人费解！让客户紧张！

有人说，会不会是对方在找关系？有人说，会不会是对方在纠缠法院，法官感觉到了压力？

作为被上诉人的律师，我几次重新审视这个案子，从证据到法律，从程序到实体，我一直向担忧的客户表示我的信心：不用担心，相信法律，相信法院，相信法官，一审判决能够经受住考验！

终于在漫长的等待后，2017 年 9 月 20 日中级人民法院送达了终审判决书：驳回上诉，维持原判！

案件经过一年零四个月的审理，终于完美收官！总算给了当事人一个交代！ 最终执行款也执行到位。

启示

我们从该案中可以获得的经验和教训：

（1）对于原告来说，协商不成，不能纠缠，不能无限妥协，否则会纵容对方,损害自己,尽快拿起法律的武器,是明智的选择。

（2）对于被告来说,协商提出一个理性的要求,见好就收;即使选择诉讼,也要把握一个合理的尺度,不能白扔了高昂的诉讼费,还加剧了损失;尤其是,一定要委托一个靠谱的专业律师。

（3）合同到期之前,向对方发一份催告函,明确表示合同到期不再续约,并及时固定证据。

（4）在双方发生僵局后,公司人员不要轻易发言,防止对方录音取证,要及时让律师介入。

最后,回答一下文章开始提出的问题:打官司打的是什么?

答曰:打官司打的是证据。

我在雪域高原，
看见格桑花开

　　从 2017 年 1 月接手这个案子以来，到 2018 年 9 月，我先后五次去西藏，每次我都忍不住发朋友圈，点赞或留言的朋友往往数以百计。可能是在那个天堂般的雪域高原，感觉到有点孤独，高处不胜寒，为了寻求一点安慰吧，抑或是在坎坷曲折的办案过程中为了自勉。所以在留言里，很多朋友不免有疑问：你一年多的时间里，去了五次西藏，究竟是办了一个什么案子啊？

在西藏开庭，律师的主要对手是高原反应

　　在去西藏之前，我的概念里，西藏是一个神圣而神秘的地方，遥不可及，那里空气稀薄，那里常年积雪，那里贫穷落后，那里人烟稀少。虽心驰神往，但从不敢奢望成行。

　　但是当案件摆在我面前，一看建设工程所在地是拉萨时，就

知道西藏之旅是不可避免的，心情又激动又紧张。好在客户安慰我说，这个案子调解的可能性较大，估计去一次就解决了（当事人一贯如此）。

幸好这个案子的立案工作，不是我亲自去西藏做的，而是我委托了我们盈科律师事务所在当地分所的律师同仁帮我立了案，避免了不少折腾。

2017 年 5 月 24 日第一次开庭，我们一行人如约来到拉萨。法官是一个河南人，脾气很好，一开始就张罗我们双方调解，这也符合我们的初衷。但调解工作并不顺利，因为此前双方一直在沟通，基于分歧太大所以才诉诸法院。

双方在激烈争论的高潮时，对方代理人中有一个小姑娘是从北京去的，因为高原反应严重，多次跑到卫生间呕吐，我们这边同行的也有高原反应厉害的。我的后脑勺一直隐隐作痛，头也是一阵阵的发懵，但我坚持忍受着，没有让别人尤其是对方看出来。

在大多时候，律师职业靠的是脑力劳动，案件的代理方案、辩护思路、庭审过程，都需要律师的知识、经验和智慧，是一个极度烧脑的工作。但在很多时候，律师也是一种体力劳动，这不来西藏开庭就是一个很好的明证。为了赶上浦东机场的最早一次航班，确保不会晚点，我每次都是提前一天经过两个多小时的地铁换乘后，来到浦东机场附近的宾馆住下，第二天一早起飞，中午还要在咸阳机场转机，下午才能到达拉萨，中间需要八个小时的时间待在飞机里。

途中周转的折腾还在其次，最大的困难是从拉萨贡嘎机场走出机舱的一瞬间，高原反应就开始了。高原反应，其实就是缺氧。当我一踏入这片神奇的土地，还没有来得及激动和兴奋，高原反应首先光顾，顿觉呼吸急促，头疼脑涨，浑身乏力，这才发现自己其实就是凡人，没有例外。

还好，我的高原反应是正常反应，没有向更严重的方向发展，最严重时不过夜晚抱枕无眠而已。同行者（驴友群）呕吐的甚多，有到医院输液的，有需要急救的，更有甚者，一对夫妻，男的高原反应严重结果没有出院，永远留在了西藏，让人唏嘘不已。

我一朋友一家三口去年从山东出发，在青海停驻，女士在当地应邀讲课，可能对于高原反应估计不足，讲课时激情四射，结果课后患肺水肿，一种典型的较为严重的高原反应病症。有经验的人劝她紧急返回，父子二人继续西藏行，一周后他们回来，女士还在住院，月余不能发声。

因此说，外地的律师上西藏开庭其实更多的时候拼的是实力，这个实力不仅包括专业，还包括体质，还有你的修为，如果你是一个容易情绪激动或者脾气暴躁的人，高原反应自然就会非常严重，无法坚持开庭。我努力控制着自己的情绪，始终心平气和，不温不火，但还要柔中带刚。

在法官的耐心调解下，双方同意回去请示领导，争取庭下和解。但我还是坚持写了一份司法鉴定的申请，递交给法官，一旦调解不了呢？因为我们心里清楚，我们的证据欠缺。

案情介绍

我的客户暂且叫上海公司吧，被告就叫北京公司吧。北京公司在西藏拉萨一个建设工程项目上是工程总承包，上海公司是钢结构专业分包，双方签订了一份专业分包合同，约定的是综合单价。双方在履约过程中，进行了八次工程量的结算，第八次叫作中期结算，固定了一个结算价，双方都签了字没有争议。上海公司后期又继续做了一些增量的工程，但北京公司迟迟拖着没有进行结算。协商未果后，上海公司起诉，要求北京公司支付中期结算余款以及后期的增量工程款。

我们提交的证据只有分包合同和中期结算的原件，以及一份被告与业主委托第三方对该工程项目进行的《结算报告》，却是复印件。

对于证据的不足，我们还是有些担心的，所以在启动这个案子之前，听说公司领导犹豫了很久。如果不能确定工程量，就不能确定工程价，因此司法审价或调查取证，是解决本案的关键一环。于是我始终没有忘记提交鉴定申请。

一切好像都在掌控之中！

体验了一把"飞流直下三千尺"的感觉

晚上，盈科拉萨律所的主任李春伟宴请了我们，是在拉萨河边的一家风格独特的藏餐酒店。本来因为高原反应，没有任何食欲的我们，看到藏族服务员端上香气逼人的牦牛肉、酥油茶和青稞酒，胃口就大开了；当藏民演奏乐队的歌声响起，我们也不由自主地随音符跳动时，奇怪！高原反应就没有了！

去西藏旅游，上布达拉宫，是头等大事，这是我们开庭后第二天的安排。布达拉宫从下面看，雄伟壮观，尤其是在药王山处，拍一张50元人民币纸币上的图像，很有感觉，仿佛瞬间拥有了财富。待到进入布达拉宫，登上台阶时，只有气喘吁吁，高原反应得厉害，加上游人如织，哪有心情听导游讲解啊？真的应了那句"不识庐山真面目，只缘身在此山中"。

当听到那个小姑娘导游说道：大家可以去体验一下"飞流直下三千尺，疑是银河落九天"的感觉时，才意识到我们已经登顶，细听才知道她说的是一个厕所。布达拉宫是世界上最高的宫殿，海拔3767米，宫殿上面的厕所的下水道是直通地面的，相对高度110多米，据说是世界上落差最大的厕所，所以也是游客必去的景点。

第一次去西藏的关键词就是高原反应，西藏太多的神秘没有来得及揭开：比如为什么大昭寺最初不是为文成公主修建的？为什么在藏民心中金城公主的地位其实比文成公主更高？在纳木错的湖水倒影中真的能看到你自己的前世今生吗？围着冈仁波齐转山磕长头真的能够升天成佛吗？六世达赖仓央嘉措最后到底去了哪里？

再见了，西藏的雪山，再见了，拉萨的白云，再见了，神圣的布达拉宫！不知道还有没有机会再来西藏呢？如果案子和解了，获得成功解决，皆大欢喜，不来也罢；如果不能和解，只能再来，至少还有未了之谜待解。其实内心是矛盾的，于是同问："世间安得双全法，不负如来不负卿？"

还未开庭，气氛就紧张起来

上次西藏开庭，法官让我们双方回来后进行庭下和解，结果没有和解成功。我把结果告诉了法官，法官说，那就组织开庭吧。

过了一阵，法院发来了开庭传票，时间是 2017 年 7 月 27 日，法官的名字换了！我急问原来的法官，他告诉我，他要去外地挂职，所以案件交给其他法官了。暂且称新法官叫慕容法官吧（化名）。后来慕容法官主动给我打电话了，说我们提交的鉴定申请他看到了，但是鉴定程序很慢，不知道鉴定结束要到猴年马月，所以建议撤销鉴定。

我说，不鉴定怎么办呢，如何确定工程量和工程款啊？

他说，你们不是提交了结算报告吗？

我说，只有复印件啊！没有原件，对方不认可怎么办？

他说，我可以让他们提交原件，如果不提交，让他们承担不利后果。

这也正符合我的代理思路，不禁暗暗称赞这个敬业的法官。于是我写了一个申请，要求法院向被告调查取证，并附上法律依据：

《最高人民法院关于民事诉讼证据的若干规定》第七十五条：有证据证明一方当事人持有证据无正当理由拒不提供，如果对方当事人主张该证据的内容不利于证据持有人，可以推定该主张成立。

他特别强调，抓紧把撤销鉴定的申请邮寄过来，我感恩戴德，于是照办，省时省钱省力的事情何乐而不为呢？

我们一行几人，买好了机票，定好了宾馆，只待出发。7月25日，也就是离开庭还有两天我们即刻出发的时候，慕容法官打电话给我，说开庭取消了。为什么？我问。对方换律师了，律师开庭冲突，他说。为什么不早点通知呢？我们都准备出发了，有些票已经付款，还不能退。

他说"我已经告诉你了，你们自己看着办吧！"就挂了电话。

很快，开庭传票又来了，2017年8月14日上午10点，这次终于成行。

当我上午9点来到法庭门前时，慕容法官打电话给我，说上午的开庭取消，改到下午4点了。为什么？我问。他说，对方律师的飞机晚点。我表示不满。他说，这样吧，你既然来了，就来法庭做一个笔录吧。

这是我第一次见到慕容法官，据说是一个庭长，态度很冷，和高原的气温差不多，与电话中客气地让我撤回鉴定申请时我想象的那个样子大相径庭。

我提出异议：同样是上海方向来的律师（注：对方律师是杭州的），我为什么能按时出庭，他就不行呢？

他回答：你去问他。他来了你可以向他传授一下经验。

我再问：被告不能按时出庭，为什么法院就不能缺席审理呢？

他回答：什么时候开庭，我说了算。

接下来的对话并不愉快，气氛还有点紧张。算了，下午就下午吧！反正比刚才慕容法官说"要不你回去改天再开庭吧"强得多。

开庭的过程是漫长的，更是剑拔弩张的，但是都在我的预期中，没有出现什么意外，事实证据和法律依据按照我庭前准备好的方案全都展示给了法庭，我坚信合议庭是听明白了，而被告一个证据都没有提交，有些理由也是牵强附会，口说无凭的。

走出法院的大门，我给慕容法官发了一个微信：为慕容法官的庭审能力和职业精神点赞，为我上午的情绪激动致歉！没回。我再发一个：追求公平正义是我们的共同信仰！竟然显示：没有发送成功，他把我删除了！

第二天，我们拼车去了西藏三大圣湖之一的羊卓雍措湖。

小车飞驰在盘旋的羊肠小道上，窗外是偶尔飘过的成群的野牦牛和万丈深渊，还有白云和蓝天，车里是一路未停的激情嘹亮的藏歌，暂时缓解了我的紧张和高原反应。

我们来到5000多米的岗巴拉山口，我们下了车，走在山顶上。抬望眼，是洁白的云朵和万年的雪山，远眺中，是幽蓝的羊卓雍措圣湖，瞬间被这天地万物所感动和震撼，顿时泪如泉涌，我只有轻轻地吟咏仓央嘉措的诗句："世间事除了生死，哪一件事不是闲事！我独坐须弥山巅，将万里浮云，一眼看开。"

为了追求公平正义，为了案件的圆满结果，为了客户的殷切嘱托，什么屈辱都应该忍受，什么资深律师啊，什么著名律师啊，其实都是浮名，统统可以抛到九霄云外，大丈夫能屈能伸才是真！

判决下来了，我们竟然败诉

2017年9月28日，判决书来了！

我急切地打开，先看判决结果部分：驳回全部诉讼请求。

几千万元的诉求一分钱也不支持！我顿时感到天旋地转，眼前发黑，呼吸急促，高原反应来了！这可是在上海啊！高原反应来到上海了，还是我又回到西藏了？

镇定之后，我仔细研看判决书的内容，判决的理由大体如下：

原告证据不足；被告拒绝承认持有结算报告，原告又没有证据加以证明，承担举证不能的法律后果。

当我把这个结果告诉客户时，客户当然大失所望。

我那几天的心情糟透了，甚至开始怀疑人生。

周末，我无法排解内心的郁闷，于是走出家门，来到湖边。秋风吹起，落叶一片，蒿草簇拥，天空氤氲不开，如同我当时的心情。有诗为证：

落叶知秋深，蒿草如拂尘。

我欲踏清风，天空去扫云。

客户问我意见。我说，坚决上诉！客户请示领导后对我说：我们领导说了，张律师继续代理上诉，我们支持你！

客户的信任，永远是律师最大的动力。有的客户，不看过程，只看结果，不看困难，只要胜诉，无视自己的问题，只怪律师，一旦判决结果不好，马上准备换律师，机会也不给你。其实，失败是成功之母，在哪里跌倒就应该从哪里爬起来，说的是有道理的。一个案件的结果往往是由很多因素决定的，不单单是律师的问题，只有代理律师最清楚案件的症结在哪里。

春秋时，在鲍叔牙的力荐下，小白用了管仲，打了几次仗，结果屡战屡败，小白就产生怀疑，在鲍叔牙的极力劝慰下继续用他，后来我们知道管仲成为一代名相，在管仲的辅佐下小白也成为一代霸主齐桓公。现在看来，齐桓公的信任成就了管仲，也同时成就了自己。律师和客户的关系亦如此，有些律师一战成名，或成为大律师，与客户的信任不无关系。在客户的信任与支持下，律师打赢了官司，帮助客户解决了困难，同时也成就了自己，二者是相辅相成的。

上诉的同时，我投诉了那个法官

于是我加班加点，全身心投入上诉，反复研究判决书，精心准备上诉材料，最后写成洋洋洒洒万言书。

上诉理由大体有如下几点。

（1）违反法定程序：随意变换法官，没有任何说明；审限严重超期，没有任何理由。

（2）法官让原告撤回鉴定申请，且没有释明鉴定程序，也没有调查取证。

（3）适用法律错误，原告有证据证明关键证据在被告处，拒不提供，却让原告承担举证责任。

总之，一审法庭没有查明基本事实，适用法律错误，应该改判或者发回重审。

我在上诉状的最后借用了仓央嘉措的诗句《见与不见》，生动形象地阐述了法庭应该在事实不清的情况下组织鉴定，或者去调查取证，这也是法庭的职责所在，不应该随意驳回原告的诉讼请求。毕竟原告建设的建筑工程就在那里！不能视而不见！

回顾整个一审案件过程，我越想越不对劲，越想越觉得有问题，于是在上诉的同时，我决定向二审法院纪检部门投诉那个慕容法官。

我投诉他是有充分理由的：

（1）随便换法官，合理怀疑；

（2）随意更改开庭时间，武断任性；

（3）要求原告撤回鉴定申请，没有释明；

（4）没有依法调查取证；

（5）给律师下套，有欺诈律师的嫌疑。

最近不是有官方报道，那个随意更改开庭时间，故意折腾外地律师的某某法官，不是被撤职处分了吗？我不想和别人过不去，我不想慕容法官为此受到什么处分，我可以忍受你的傲慢，也可以忍受你的业务不熟练，但我不可以容忍你的欺骗，不可以容忍你对于公平正义的恶意挑战。

看来投诉有了效果，在慕容法官的积极热情的配合下，我们的上诉手续办理的非常顺利，案件很快移交到上级法院。

后来投诉也收到上级法院纪检部门的反馈：我们收到您的投诉，领导非常重视，经查明投诉事实不存在，慕容法官没有违法违规行为。

最后，他问我：你还有什么意见吗？

我说：没有了。

二审开庭，我围着布达拉宫转了三圈

二审开庭的传票来了，定于 2018 年 4 月 16 日开庭。

我第三次登上飞往拉萨的航班。飞机在延绵的群山上空飞行，透过窗口俯瞰，黑白相间的是千年的积雪，万年的青山，偶尔可以看到一条大江在群山之中蜿蜒匍匐，像一条巨龙。看似沉寂的没有生命迹象的无人区，却是一个民族生生不息的源泉。君不见，待到春风拂来，融化了那天水，汇成涓涓细流，然后成江成河成湖泊，最后流入大海；君不见，河流途中滋润了多少土地和家园，说不定你桌上的一杯茶中也能喝出雪山的味道。

我们如期来到法院的大门，门还没开，保安已经候在门口，问："你是从上海来的张律师吗？"我说是。他说，法官让你先在这里等一等，他一会儿就来，可能对方代理人上午来不了，开庭要推迟到下午了。正说着，法官到了。

法官赶紧致歉，说开庭要到下午了，为了不让你们白来，先到我办公室坐一会，我们交流一下这个案子吧。

我们的谈话交流非常顺畅。法官是藏族的，就称呼他达娃法官吧（化名），但普通话还不错，关键是人非常热情和谦虚，还特意提到欣赏我在上诉状中借用的仓央嘉措的诗句。

下午的开庭非常顺利，合议庭几乎全部听明白了双方的争议焦点，理解了案件的事实和存在的问题。

因为这次开庭非常关键，非常重要，如果二审维持原判，我们可以说挽回余地的希望就非常渺茫了。所以，我们没有安排任何的旅游计划，全身心投入到案件的准备和开庭中去。

我每次去西藏几乎都住在布达拉宫附近的维也纳酒店，一是距离机场大巴的车站较近，二是为了获得布达拉宫的庇佑，心灵上的安慰吧。

拉萨四月的季节还是非常冷的，尤其是晚上12点。我睡不着，于是走出酒店，穿过布达拉宫后面的公园，来到红山脚下。转一圈吧，于是我围着布达拉宫周边的道路转起来，这个时间还有不间断的虔诚的藏民在转宫，一手摇着经筒，一手数着念珠，边走边唱经。

当地人说绕着布达拉宫转一圈，可以洗尽罪恶，转二圈可以报答父母恩，转三圈可以来世做人。

如果按照教义来讲，人生下来就是罪恶的，好吧，我暂且认了，有则改之无则加勉，净化一下浮躁的心灵总是可以的吧。我们凡人达不到慧能大师的境界，但是可以遵循神秀的偈语："身

·布达拉宫·

是菩提树，心如明镜台，时时勤拂拭，勿使惹尘埃。"转一圈是为了三省吾身。

我又转了第二圈，为了报答父母恩。常年漂泊在外的我，为了工作，很少有时间回家看望父母，有几次来到泰山脚下开庭，只能给家里打一个电话，又匆匆回到上海。我不能和"三过家门而不入"的圣人大禹类比，人家是为天下黎民百姓奔命，我是凡人自有凡人的苦恼，人在江湖身不由己，为自己奔命，为客户奔命，有时忠孝不能两全而已。

我坚持转了第三圈，尽管高原反应厉害，但是为了转世也值了。如果真的有来世，我还是希望做人，以弥补今生的遗憾，了却未了的心愿，因为人的一生总会有太多的不完美。或许在选择职业时走了弯路，或许在迷茫时虚度了年华，或许一时糊涂做了蠢事，或许因为没有坚持与成功失之交臂。如果岁月可以重来，任何人都可能成为更好的自己。

大概两个月后，法院的裁定书来了：撤销原判，发回重审！

我端着裁定书，手有点发抖。是沟通起了作用？还是投诉有了效果？是文学的魅力，还是律师的专业？究竟是正义战胜邪恶呢？还是因为布达拉宫转了三圈获得佛祖保佑？

案件发回重审，被告被迫调解

案件又回到原来的法院，依据法律规定要更换法官的，我祈祷这次能够遇到一个专业的、负责任的法官。

我重新递交了司法审价和调查取证的申请。

我估计着被告应该感觉到了压力，可能会找我们调解，毕竟因为事实不清发回重审了，我们都知道这意味着什么！

我一等再等，没有收到对方发出调解的声音，倒是收到法院开庭的传票，定于 2018 年 9 月 17 日开庭。

距离开庭的日子还有接近一个月呢，还有调解的机会和时间。我一方面加强和法官沟通，督促法官启动鉴定程序或者调查取证，一方面和对方律师进行试探性的联系。

有一次，我和对方律师联系时，我提醒他，一定要提前购买机票，最好是最早的一个航班，一般不会晚点，记得吃"红景天"啊！西藏那边早晚温差大，别忘多带衣服！当他流露出对去西藏的不情愿时，我知道提出调解的时机来了，我说，你问问领导能调解吗？他马上回答，好啊，应该可以啊。我说，那么，我们双方都去争取一下吧，免得都去西藏没完没了地折腾。他说，好的。

双方分头去请示领导，思想火花碰撞的结果是，先是双方领导紧急碰头，初步达成调解的意愿，然后是敲定调解方案。在敲定最后价款的时候，双方又僵在那里。

这个时候，法官来电，说："你们撤销鉴定申请吧！"

我的心一紧，马上回答："不行！"

"我给你们调取到了结算报告的证据，你认为还有继续鉴定的必要吗？"法官平静地说。

"真的？"我惊喜地问。

"这次你应该相信我们！"语气非常诚恳。

"好的，非常感谢！"

我自律师执业以来，一直相信法官，因为他们是案件命运的主宰者，是公正的化身，我们没有理由不相信啊！

大概是调查取证的消息很快传到被告那里，被告立即接受了我们提出的调解方案，我起草了调解协议，被告几乎没有任何修改。调解协议定于 2018 年 8 月 30 日前支付第一笔资金，作为双方去法院进行调解的条件之一。

签协议那天是 2018 年 8 月 23 日，此后一周的时间里，我都在提醒公司财务关注资金的到账情况。第一天没有进账，第二天也没有，第三天也没有，第四天我开始催被告，他们说在走流程，第五天再查还是没有。我做好了继续打官司的准备，同时没有放弃一线希望。中午我靠在办公室的椅子上睡着了，突然喊一声："到账了吗？"我的助理惊愕不已。

第六天，客户发来信息，资金到账！

第五次进藏，我看见了格桑花开

第五次西藏行，如期出发，因为已经胜券在握，所以这次总算没有了压力。

当我拿着调解书，走出法院的大门，已经是下午 6 点多，拉萨的天空依然阳光明媚，我看了看路线距离酒店有 6 公里，于是决计步行回去，沿途可以看看云端的城市街头的风土人情。更重要的是，我一点高原反应也没有了，真的很奇怪，一身轻松，一点都没有身在世界屋脊的感觉。

这时我才真正理解了六世达赖的诗句："这佛光闪闪的高原，三步两步便是天堂，却仍有那么多人，因心事过重，而走不动。""走不动"不就是高原反应吗？高原反应的原因不就是"心事过重"吗？原来治愈高原反应的良药，是轻松愉悦的心情啊！当然我知道他的意思不至于此，其实任何时候，是不是都可以这样理解：轻轻地放下，心结就会打开，问题也会迎刃而解？

这个案件从最初的剑拔弩张到最后能够握手言和，不也是这个道理吗？

当我在拉萨街头走了两个小时后，经过布达拉宫时，我恋恋不舍地向红山仰望这个奇迹般的宫殿，突然发现半山腰处，有几株鲜艳的花朵，莫非那就是传说中的格桑花？

我求助度娘：格桑花，藏语是美好幸福的意思，是一种生长在高原上的普通花朵，杆细瓣小，弱不禁风的样子，但风愈狂，身愈挺，雨越打，叶愈翠，太阳越曝晒，它越灿烂，不畏严寒，不惧缺氧。在藏民眼里，格桑花是高原上生命力最强，最普通的一种野花。

我确认看到的应该就是格桑花，普通而坚强的格桑梅朵。

办案后记

案件获得圆满解决，如果非要总结一下心得体会，感慨有三。

一是，要像宗教信仰一样去信仰法律，敬畏规则。

我在西藏切身体会到了藏民虔诚的信仰，以及为了自己的信仰坚定不移地去践行。我在大昭寺门前的八廓街见到排队磕长头的队伍，一刻不停；我在长长的经筒下面，看到义务擦拭维修加油的衣衫褴褛的藏民，脸上充满笑容；我在哲蚌寺的古道上，遇到跟着全家转山念经的小女孩，友好地跑过来，向我讲解寺中鲜为人知的故事。

"心诚则灵"有时候成了我们为自己的懈怠辩解的一种借口，而他们不仅仅是心诚，更重要的是身体力行。我在日喀则的街头看到过一个白发苍苍的老奶奶，步履蹒跚地走到路边，从兜里掏出钱来，使劲地塞到一个残疾人后背上的布袋里，还把布袋的口子为他小心地掩住。

作为法律人，我没有宗教信仰，但我喜欢去寺庙，愿意进教堂，因为我敬畏神灵。我选择律师这个职业，是因为我信仰法律，法律是我最有力的武器。

无论是律师，还是法官，还是检察官或者其他法律职业者，我认为，信仰法律，追求公平正义，应该是法律人不懈奋斗的精神支持。而且要毫不动摇这个信念，身体力行去实践，共同维护司法公正，而不是去践踏。

延伸开来，敬畏规则，应该是每个人的信念。检验一个社会的文明程度，根本的一点应该是对于规则的遵守尺度，这个规则包括法律、道德和教义，以及行业的规范、单位的制度和合法有效的协议等。

我们应该敢于向践踏规则的人说"不"！

二是，律师应该有理有据有节地抗争，心中要有"佛"：正义的信念。

在一审败诉后，我没有将仇恨愤怒地发泄到别人身上，而是利用法律赋予律师的权利去抗争。我投诉法官，也不是想让法官接受什么处分，我是对事不对人，只是表明我的一个姿态，发出律师应有的声音：我不能放纵法律人亵渎规则！我在收到纪检部门投诉结果时，我没有坚持申诉，没有去死磕到底，得饶人处且饶人。

我敢于这样去做，归根结底是专业实力做后盾，我有充分的理由认为这是一个错误的判决，是根本站不住脚的，无法接受公众评判的判决。

虽然这个案子历时较久，几经周折，路途遥远，山高水长，最后还是取得圆满的结果。

有些时候，迟来的正义，仍然是正义，不过这个正义附加了更多的艰辛、泪水和喜悦。

三是，一个案件的成败，很大程度上是由律师的综合素质决定的。

对于律师来说，法律专业是基础，没有专业实力，就没有底气；丰富的经验是保障，为案件朝着正确的方向发展保驾护航；法庭的应变和论述，是能够把客观事实变成法律事实，让法官接受你的主张观点的重要途径。

另外，疑难复杂案件还需要律师具有较高的修养和过硬的心理素质。胜不骄，败不馁。不卑不亢，不为过激言行，不蛮干，讲求策略，随机应变。

最后，律师具备一个较好的身体素质，是职业的本钱。正如前面所述，律师职业不仅是脑力劳动，也是体力劳动。没有一个较好的身体和体质作为保障，出差的车马劳顿和紧张的法庭辩论，就无法承受，职业生涯也不会长久。

心中没有佛，谁敢上西天？

律师如何识别优质客户

《巴黎圣母院》中有一个长得非常丑陋的人叫卡西莫多,但是他心地善良,是一个"表里不一"的好人。中国唐朝有一个宰相叫卢杞,长得也非常丑陋,脸色是蓝的,像鬼魅一样,以至于郭子仪在卢杞来访时,不让家人和丫鬟出面,担心她们忍不住笑他丑,得罪了他,怕他日后报复。事实证明,他的确是一个十足的奸臣、小人。

就是他,为了专权,害死宰相杨炎和太子太师颜真卿,并对其他不依附者进行无情打击报复,后世有人评价他是一个实实在在的外表与内心达到完美统一的人物。

可是在他死后,唐德宗却说他是忠臣,把大臣李泌气得够呛。德宗之所以说他是忠臣,是因为他巧言令色,善于伪装,让皇帝看走了眼。

这个故事说明:识人是一门很高的艺术啊!

　　律师站在社会矛盾的最前端，见过形形色色的人，可谓阅人无数，却经常看走眼。我就有过一次，说来荒唐如同一个笑话，却是真事，如今想来就像是一个噩梦。

　　我在 2012 年刚从北京总部派驻上海不久，接待了一个当事人，她，40 多岁，一身标准的职业装束，看起来是一个很有文化的人。接触后，谈起案子思路清晰，语言流畅，给人感觉她就是一个职业女性。

　　你无论如何也不可能联想到精神病之类的字眼！

　　她说被她前夫和精神卫生中心的人合谋骗进了精神病医院，被困长达半年之久，所以她要起诉这家精神卫生中心。为了证实这个事实，我真的亲自去这家精神病卫生中心调查核实，取得一些证据材料，住院事实不假。她为了证明她不是精神病患者，拿出她的工作证来，是一个权力机构的工作证，还有国家级的荣誉证书，我想这种职业不可能是精神病啊！她还说，她表哥是一个高校的法学教授，为了落实真实性，我真的去拜访了这个教授。结果确信无疑，我们还交流了意见。

　　我决定为她洗冤，还她清白，于是和她签了合同，她交了第一笔律师费。等我准备了起诉状，让她签字时，她拒绝来律所见我，并提出和我解除合同，我问为什么？她说，你和精神病医院串通要害我。无论我怎么解释，她都不相信我，坚称我要害他。然后一天十几个电话，每次电话不下一个小时，还对我破口大骂，不容我分辩，让我痛苦不堪（刚来上海的我，比较迷茫，偏又遇到这事，唉），我于是给她退费不再代理。她拿到退费后说不行，还要我赔偿损失！

此后，噩梦开始，她不断地给我打电话，骚扰我，我设为拒接，就给我单位打电话，还给单位写信投诉我，后来把电话打到律师协会，举报我。所有接她电话的人，包括律师协会，都异口同声认定她是精神病！别理她！

她就这样，断断续续地打电话投诉我，大概持续了三年之多，单位的人都传成了笑话，让我非常尴尬！

我常常自责：我为什么看走了眼呢？毁我一世英名！

此后，我与人交往，接待客户，就特别小心谨慎，唯恐有什么闪失。

律师都希望自己能够找到优质客户，那么什么是优质客户呢？结合自身经历，谈谈我的看法。

一、信任你，用人不疑

当事人既然选择和这个律师签订委托代理合同，就说明他对这个律师充分地信任，因为很多当事人货比三家，在决定签合同之前一定是对很多律所进行了充分的对比和了解，或者是对这名律师慕名而来。相信自己，更要相信自己选择的律师。

相信律师，就不能多疑。有的当事人自以为是，知道一点法律皮毛，就固执己见，对律师指手画脚，其实是不妥的，每个律师有每个律师的办案风格，不见得千篇一律，所谓条条大路通罗马，只要大方向不错，没有明显过失，就是靠谱的律师，值得信赖的律师。

二、尊重你，友好相处

有一次我参加一个国企的法务会议，这家国企负责法务的领导讲话时提道："我们要尊重我们的律师，他们是来帮助我们的，不是我们的雇工，而是合作伙伴！"我当时听了非常感动，差一点就热泪盈眶。确实有些人就不这么想，他认为我花钱请你做律师，你就是给我打工的，还端着高高在上的架势，对律师颐指气使，让人很不舒服。

从法律上讲，律师和客户的关系是一种委托代理关系，律师以自己的法律专业代表客户处理问题，解决纠纷，客户付费。其实更是一种合作关系，没有谁高谁低的问题，应该彼此尊重，因为双方的目标和利益是一致的。

很多情况下，律师冒着极大的风险做案子，有时律师是不考虑成本的，甚至还有人身危险、有吊销执照的风险，为了什么？往低了说，是为了完成客户的嘱托，往高了说，是为了法律人的正义和信念。从这层意义上来说，你的律师难道不值得尊重吗？

我在《平凡之路》中写到的北京平谷的李欣姐，她原来是我的客户，后来我们俩成了"姐弟"，我们两家人保持着密切的联系，宛如亲人。

三、配合你，沟通顺畅

案件的事实，当事人最清楚，你是故事的主人公，律师只能是旁听者，只有当事人和律师密切配合，才能尽可能还原历史真相，最大限度地维护你的合法权益。

你可以不懂法，但要及时按照律师开出的证据清单提供证据材料；

你可以无知识，但要全面真实地向律师反映客观事实，而不是刻意隐瞒；

你可以不参与，但要有求必应，有问必答，积极配合，而不是全身而退。

四、讲诚信，不欠费用

一般优质客户都会严格按照委托代理合同的约定支付律师费，拖欠代理费的客户毕竟是少数，但每个律师或多或少都遇到过。甚至还会有拒不缴纳律师费的情况，最后只能走向诉讼。想想实在可悲，律师辛苦为当事人打完官司，然后再去和当事人打官司讨要律师费，这是多么尴尬的事情，也是多么伤心的事情。

　　我认为，无论是哪个行业，都应该是大同小异的，只要做到以上四点，你就是优质客户，你就是优质朋友，你就是优质员工，你就是优质领导。

刘邦：这样的人要重用

——法律风险防范要永远走在前面

我的一个故事

我曾经为一家公司诊断法律风险，提出了很多问题，这家公司领导非常不服气，说是律师在故弄玄虚，耸人听闻，还迟迟拖欠律师费不付。后来果然出事，就是因为我提出过的法律风险，公司没有当回事，自然就没有改正。我以为他可以请我当法律顾问了，然而等了好久都没有。

老家的一个故事

有一次回老家，听家人讲了一个故事。有个邻居甲，家门口放了一堆柴草，有一个邻居乙说，这堆柴草离烟筒太近，容易着火，邻居甲不听，后来果然失火，邻人都来救火，虽然柴草没有保住，但邻居甲还是对救火人表示了感谢，而对邻居乙态度冷淡。

历史的一个故事

近期看三国，袁绍的谋臣田丰劝他说，不可操之过急，现在曹操兵强马壮，实力雄厚，不可硬拼。袁绍不听，还以田丰扰乱军心为由捕入大牢，执意出兵与曹操决战，结果官渡兵败。狱吏对田丰说，这下你有救了，你的话应验了。结果袁绍回来就把田丰杀了。

从以上故事中我们可以得到如下启示。

1. 风险防范非常重要，尤其是事前防范。

从时间顺序来看，法律风险分为事前风险，事中风险和事后风险，相对应的律师解决法律风险的方式为：法律风险管理、法律顾问和争议解决。

法律风险管理，是律师对公司经营过程中存在或可能出现的法律风险点进行系统性识别和归纳，并根据公司各方面法律风险的不同程度进行深入分析和评估，针对公司的具体情况，对症下药，制订出相应的解决方案。属于提前防范，相当于对企业进行体检，防止出现法律纠纷问题。

法律顾问，就是公司聘请律师作为常年法律顾问，可以随时提供咨询服务和法律指导，对即将发生的纠纷发出律师函，参与谈判等，将纠纷和矛盾消灭在萌芽状态。

争议解决，就是打官司，是在事态最严重的时候，不得不使用的最后一道屏障和救济措施，可能是我们起诉对方，也可能是我们需要应诉。这也是律师最传统的法律服务方式。

律师最主要的价值，其实应该是法律风险的提前防范。

2. 风险一旦发生，应该积极应对，礼贤下士，善于用人。

尤其是应该向发现风险和曾经提出过建议的高人请教应对之策，而不是冷落他们，甚至除掉他们。善于用人，是一个企业乃至国家兴旺发达的重要因素。

3. 宽大的胸怀和气量是成功的重要因素。

无论是邻居，还是公司领导，还是国家干部，都要有一种宽大的胸怀和气量，知错就改，亡羊补牢，才是应有之态。

刘邦要打匈奴，连续派去几个使者查探，都报匈奴不堪一击，可以出兵，刘邦又派刘敬去，结果刘敬觉察单于冒顿是故意示弱以麻痹汉军，回来就阻止刘邦大军，此时大军已经出发，刘邦非常愤怒，就把刘敬抓起来，说："竟敢扰乱军心！"初始，汉军所向披靡，刘邦轻敌，孤军深入，中了冒顿的埋伏，被围白登山七天七夜，几乎饿死，后来多亏陈平解困。刘邦回去就把刘敬放出来，拜为关内侯，封两千户。

这大概就是刘邦能够得到天下，而袁绍失去天下的重要原因吧！

律师故事之智勇脱身

有人说，律师是一个高危职业，此话不假，其实说处处是"雷"，步步惊心，一点也不为过。

就拿 2019 年春节前安徽这个案子来说吧。

包工头卷钱跑了，7 个农民工找不到包工头，就把我们总包列为第二被告。开庭时间安排在上午 9 点，我们什么时候去呢？着实纠结了一阵子。坐火车吧，没有直达的，中间还要转车，而且还要乘慢车；开车吧，300 公里，9 点开庭，我早晨得几点出发啊？

我们决定提前一天开车去！本来是四个小时的路程，结果路遇堵车走了六个小时。

是不是在提醒我们：这注定不是一次平凡之旅？

第二天一早，我们来到法院门口，远远近近停满了车，竟然没有找到一处停车位，只好过了一个十字路口，才把车停下，没想到这竟然为我们后来成功脱身提供了便利条件！

我们提前半小时来到法庭门口，法官电话打过来，说换到一个大法庭了，因为原告人多。

我们来到大法庭，推门进去，里面已经坐满了人，黑压压的，旁听席上都坐满了，还有站着的，足有40多人！

我们这边有两个律师和客户的一个代表，我们3人，他们40多人，明显的人数不对称啊，力量不均衡啊！

我理解他们人数众多的缘故，可能是后面还有农民工要参加诉讼的，提前来旁听一下，但同时我有一丝隐隐的不安。

开庭比较激烈，他们找的代理人是当地的一个法律工作者，信心满满，声音洪亮，发言时就像扯着嗓子喊，像打了鸡血似的。法官为了帮书记员做好记录，总是给他总结发言词，重复一遍，然后再记录，所以开庭时间很长。加上他们找了几个证人，分别出庭做证，花费了不少时间。我向来是比较低调，不是因为怕他们人多，当说必说，简明扼要，这是我一贯的风格！后来证实多亏了我这样的低调，才不至于激化矛盾，使事态更加恶化！

中间休庭10分钟，我就发现他们有人凑在一起嘀咕，显然是针对我们的，我的心里就更加不安起来。

开庭从上午9点一直开到中午12点30分才结束，接下来就是签笔录，因为原告多，所以笔录也多，每个原告是单独一个案子，单独的笔录。

在我们等待打印笔录过程中，担心的事情发生了。

有一个身强体壮的人，过来指着我们律师说，今天让公司拿钱，不拿钱，别想走人！你们就留在这里！

我回应说，法院还没判决呢，你怎么知道一定是我们拿钱呢？

接着有人喊："你们就是骗子，把律师留下！我们要过年！"

旁边的刘律师解释说，是另一个被告雇用了你们，我们已经把工程款付给他了，你们应该向他要钱，他今天不敢来开庭，明显是心虚啊！

"我们不管，反正你们公司有钱，不拿钱就别想走！"说着说着，有些情绪激动的人就凑过来，围住我们，摩拳擦掌。

我知道，他们想激怒我们，想把事情搞大，借机给法院施加压力。我提醒刘律师，别说话了！

不管他们说什么难听的，辱骂的，威胁的，不管他们做什么动作，有时候手指头指到我的鼻子尖上了，只要没有伤害到我们，我们就默不作声，静静地等着笔录出来，认真地一一签字，不为所动。

40多人，群情激昂，人声鼎沸，各种表演都有。在书记员过来送笔录时，我趁机给她说，让你们法院的法警过来，要不然会出事的，法院也脱不了干系。她悄悄地给外边打电话，不一会儿，法警来了。

那个身强体壮的人说，来警察也不怕，不让他们走我们又不犯法。他一会儿出去吩咐其他人，我看三五成群地凑在一起商量着什么。

我一直在心里嘀咕着，光天化日之下，他们究竟想干什么？

我想起 10 年前，我在北京执业时被开发商堵在一个派出所一天一夜的情形，心里想：在"皇城根"都不能避免发生这样的事情，在这个偏远的地方，真不好说什么事情会发生。其实，我从心里十分同情这群农民工，究竟该向谁要工资，暂且不说，辛辛苦苦干了活儿，过年了，拿不到工资，谁不急啊？这也是我情愿默默忍受他们发泄的一个因素。但是这样能解决什么问题吗？既然走到法院了，就等司法审判吧！

我急中生智，找机会对书记员偷偷说，先让我们签笔录，等我们走了再让原告签，她说可以；然后我找到法官，说他们这样的架势，我们出门后怎么保障安全啊？建议您找他们律师做一下工作，让律师劝劝他们，这样的做法是违法的，不能解决问题的，法官同意。

法官在和对方律师做工作时，我们刚好签完笔录，然后我拿起包叫上他们俩说：我们走！我走在前面，步伐坚定，目不斜视，大义凛然的样子。

院子里，有好几伙当事人和旁听的，在怒视着我们，因为他们不知道他们的"头儿"在屋里干什么（其实被法官缠住了），所以在我们从他们身边擦肩而过时，他们也不敢轻举妄动。

　　我边走，边悄悄说，一直走，不要回头！在我们走出法院大门时，我们加快了脚步，拐了几个弯，又穿过马路，迂回到车里，回头看看没有跟踪的人，这才放下心来。

　　在我们开车掉头路过法院时，法院门口的人群都在四处寻找着什么，显然目标是我们，他们怎么也想不到我们已经从他们眼皮底下溜走了。

怎样做好律师助理

　　每一个优秀的律师，几乎都是从律师助理做起的，无师自通的人毕竟是少数，尤其律师是一种实务型的职业，经验至关重要，空有理论只能是纸上谈兵。

　　转眼又到了毕业季，有志于从事律师事业的法律专业的学生正在找工作，是不是很想知道如何应聘律师助理啊？从律师角度来看，我认为，选择律师助理，无关乎出身，无关乎名校，无关乎学历，无关乎经验。

　　关乎什么呢？我认为应从以下三方面来考察，按照顺序依次是：人品，态度，能力。

　　第一是人品，就是人的道德修养和待人接物的素质。

　　首先，真诚是律师助理的为人根本。求真务实，诚实守信，应该是律师的立人之本。加强自身内心的修养，提高自己的专业能力，用心地为客户服务。修为到了，水到渠成。你家的梧桐树种好了，凤凰自然会来。这个客户是你的，他早晚会来找你，哪怕转了几个圈；

不是你的，你去强求，也没有用，他反而会离你更远。

真诚的人，并不完美，反而有很多缺点，也很容易暴露自己的缺点，但与之交往的人反而喜欢他，为什么？就是因为他的真诚。俗话说，人无完人，表面看似完美的人，其实他成功地掩饰了自己的缺点，或许有一天就是这个缺点，害了你。受人之托，忠人之事。把客户的事情当作自己的事情对待，就是律师真诚的最好体现。

真诚的人不会采取不正当手段获取案件，不会向当事人虚夸自己的能力，骗取当事人的信任，即便一时拿到案子，很可能也会办砸，不但毁了自己的名声，还会砸了自己的饭碗，得不偿失。

我每次接待新的客户，谈论新的案子，都会客观真实地分析案件的利与弊，也就是会谈到案件的有利之处，更会谈到案件的风险。如果案子确实没有胜诉的可能性，或者当事人付出的成本大于可能的风险，我会极力劝他不要轻易走法律程序，最好和对方协商，减少损失。我绝对不会为了拿到一个案子，去隐瞒案件的风险，如果这样去做了，律师面临的是更大的压力，更多的尴尬，甚至是屈辱和失败。

成功没有捷径，是一点一滴的努力和日积月累的付出换来的，用真诚打动客户，用真诚赢得信任，迟早有一天，你会体会到"得道多助"的道理。

其次，忠诚是律师助理的道德底线。我曾经把很多律师助理培养成了律师，成为自食其力的专业律师，至今和我保持着良好的关系。但有一个例外，至今让我痛心疾首。

有一次回老家过年，一个曾经的同事给我推荐当地的一个小伙子，说他很想去大城市做律师，闯一闯，看一看。同事非要让我见见，不断地打电话约我，尽管我时间排得很满，但还是去见了他。因为想起当年我在北京找工作时，一个人住在地下室很想有人指点一下，就去联系在北京做律师的老乡，结果人家以种种借口拒绝了我，当时很是受伤，至今历历在目。力所能及地帮人一把，何乐而不为呢？于是我没有过多考察就开车带着他来到上海，给我做了助理，我给他在单位附近找了房子，给他按照律所最高标准发工资，把我的客户毫无保留地介绍给他，还经常带他到家里吃饭，简直把他当成自己家人。

随着时间的推移，渐渐地，他的不良习惯暴露出来，但我还是想对他进行"改造"，几乎天天训导他，恨铁不成钢的节奏。他当面点头称是，还是有人不断地向我反映他的不良情况，我开始没当回事，后来一次，我彻底对他失望：他在偷偷地为另一个律师办事，整理资料，接待客户，办理案件等。我只好劝退他。后来他跟了那个律师，后来他把来律所找我打官司的老乡介绍给那个律师，后来他还偷偷地联系我的客户，试图挖我的墙角。

一个连最起码的道德底线都守不住的人，怎么能够做好律师助理呢？律师之路能走多远呢？

第二是态度，对律师职业的态度。

　　兴趣是第一个层次。对律师工作是否有兴趣？你对律师职业有多少了解？

　　别以为律师头上都是荣光，别以为律师收入都很土豪，别以为律师生活都很悠闲。那是因为你没有看到律师内心更多的压力、苦闷、挣扎、彷徨、孤独和纠结。律师职业是相对的自由，律师从来不加班，那是因为从未下班。律师在赢得一个艰难的案件时，他的眼里满含着泪水。如果你对律师职业不了解，也没有兴趣，只能是在不能坚持枯燥的工作时，不能忍受寂寞时，不甘最初清贫的生活时，选择离开。从事自己没有兴趣的工作，是痛苦的。

　　我为什么当初刚执业时的几年里不能养家糊口，还在坚持呢？那是因为热爱。

　　积极性，是第二个层次。高效率地完成老板安排的任务，并及时汇报工作进展，不拖延，不消极。这也是建立在对律师职业的热爱之上的。执行力强，是一个好的律师助理的标准之一。我在给我的女老板做助理时，口袋里常常装着两支笔，当老板随手扔掉一支找不到时，我会及时递上另一支；当老板出门时，我会提前跑在前面开门，叫电梯，提前跑到马路边招呼出租车；在老板出差回来的路上，到律所前的几分钟里我会提前为她泡好茶；我每天向老板汇报工作，每个阶段向她反映最新进展；深夜老板叫去加班，我用最快的时间赶到指定地点。

　　能动性是第三个层次，也是更高的境界。如果你是一个主动性和创造性极强的助理，能够高质量地出色地完成老板交给的任务，那么你距离职业律师已经不远了，甚至可以做一个优秀的律师。曾经有一本畅销书《把信交给加西亚》，讲述了一个美西战争期间的故事，美军需要将一个重要的情报送给古巴的游击队长加西亚，但是没有人知道他在哪里，只知道他在原始森林里。这时美军中尉罗文自告奋勇接受了这个任务。他在没有任何线索的情况下，经历了艰难险阻，克服重重障碍，终于完成任务。罗文为什么能够打动亿万读者？为什么受到美军总司令的接见？因为他在几乎没有任何条件和线索的情况下创造性地完成了一个常人无法完成的奇迹。

不要指望老板手把手交给你这个事情怎么做，可能这个事情他还没有想好呢，这就是你的机会，学习的机会，表现的机会，此时你会成长得更快。

第三个是能力，做律师应当具备的能力。

交流的能力。律师需要与当事人交流，与法官交流，甚至与对手交流。能言善辩、夸夸其谈，不能表示你就具备交流的能力，我所说的交流的能力，是要用坦诚、真诚，是用心，来表达你的真实意思即可，让你的客户懂你的诚意，让法官明白你的观点和逻辑，让对方理解你的善意。

细心的能力。保证你考虑事情比较周全，保证你做的法律文书没有遗漏和错别字，保证你的案件很多但安排得井井有条。这确实是律师的一种能力。君不见有些大律师忙中也不会出错，忙中也会偷闲吗？这其实是他精心准备、未雨绸缪的最好回报。

思辨的能力。这就要求律师思维要条理清晰，逻辑严密，善于随机应变，观点具有说服力。这是律师区别于其他职业的最主要的表现之一。尤其是在法庭上，律师要用有限的时间让法官采纳你的观点，如果不具备思辨能力，如何说服法官？我们也常常见到有些律师在法庭上胡言乱语，毫无根据和逻辑，不知所云，本来一次就能开完的庭非要折腾四五次，浪费大家宝贵的时间。

学习的能力。我所说的学习能力，不仅仅指学习法律知识和书本知识的能力，还包括在实践中学习经验的能力。其实，一次开庭就是一次学习的机会，在法庭上你可以向法官学习，学习他的判断能力，可以向对方律师学习，学习他的辩论能力（有时是狡辩能力）和逻辑思维能力，还可以向当事人学习，因为当事人身上有很多非法律的知识，有助于律师更好地了解行业知识，也有助于开阔你的思路。

我招聘和面试律师助理，为什么不去过多关注学历、名校、出身和经验？前三个因素，应该很好明白，无论你是多高的学历，多大牌的学校和多高贵的出身，都要从助理开始，都要从头学起。理论知识与实际工作相去甚远，前者可以在短时间内得到弥补。为什么我不去关注经验呢？有时你没有选对平台，或者跟错了人，你会走错方向，走歪了路子，很难纠正。经验越多，越难"改造"。相反，一个毫无经验的人，只要他具备良好的品质、积极的态度和基本能力，哪怕他的经验如同一张白纸，我还可以在这张白纸上重新设计，重新作画，具有很大的可塑性。

律师这么拼命，
其实和钱没多大关系

前几天，我突感左耳道有嗡鸣声，并且听力下降，最初也没在意，后来在南昌开庭时，开始感觉眩晕。

回到上海到医院一查，医生说是突发性耳聋，要抓紧治疗，治疗最佳期是七天。于是输液，耳道听力倒是恢复了，却衍生了一个"副产品"——打嗝，因为针剂里有激素。

打嗝，我平时自有办法治疗，不足为惧。不料，这一次可不同凡响：从白天打到晚上，从晚上打到白天，一直持续五天不好。晚上也不让睡觉，打嗝打得床都在震颤。干脆就不睡，起来欣赏夜景，独看几家灯火，静听花吟夜歌，"一任阶前，点滴到天明"。

无奈，我只好求助万能的微信，发一朋友圈，不料我的世界里好像都知道了我打嗝的消息，大家都来献计献策。我粗略统计一下，有98个朋友，给出了126种治疗打嗝的方法，去掉重复的，也有57种之多，足以编一本《本草纲目》。

我除了震惊，就是感动。亲友更多的关切是：怎么了？保重身体！

医生说，突发性耳聋，目前医学不明原因，但是可以肯定的是与过度劳累、饮食不均衡有极大关系。

有很多人就劝我，张律师，不要这么拼命，钱永远挣不完的。

我理解其中好意，明白其中道理，我也经常从朋友圈里看到，某某律师因劳累过度，突发疾病，医治无效，永远离开了我们。

我想说的是，律师这么拼命，其实和钱真的没有多大关系。

拿到一个案子，签到一个大单，是不是应该高兴才对？

不是的，高兴是短暂的，随之而来的是长久的压力。案子越大，责任越大；律师费越高，压力越高。

这个压力来自哪里？

一是信任，既然客户找到我，能够将他的困难托付给我，就是对我能力的认可，我不能辜负他。

二是责任，客户向我支付了律师费，虽是律师服务的对价，更是对我的帮助和支持，我应该感恩。

三是操守，我既然接受了委托，就要竭尽全力做好案子，最大限度为客户争取合法权益，不能有丝毫大意和任何保留。

任何时候，客户的事情永远放在第一位。

我想出门旅游，看看日程排得这么满，算了吧；我想回老家看看老人，不料客户临时给我安排了任务，只好把车票退了；这边新案子刚刚立上，就急着和法官联系，告诉他开庭时间一定提前和我商量，不要和别的案件冲突了，客户指定要我出庭；我不想生病，就千方百计找时间锻炼身体，有时候疾病还是会不请自来，你只能带病出差，不能请假。

有一天晚上我6点多下班回到家，吃了一个橘子一把核桃，肚子开始隐隐地疼，然后是胀。一直疼到深夜，紧接着是发烧，迅速高烧，身体发冷，控制不住地打哆嗦。盖了厚被，还是冷。身体开始极度虚脱，直不起腰来，没法走路。一个人不能开车去医院，甚至连打电话也没办法。

想到这两年接连有同行突发疾病不幸离世，我想，难道今晚就熬不过去了吗？

身体疼得在床上打滚，坚持用颤巍巍的手打开微信，给太太断断续续地留语音，其实是遗言。大体内容为：我可能不行了，你别急着赶回来，扬州离上海这么远，折腾回来也没用，我命大就能熬过去，如果命该如此，就此告别！只是还有未了心事，一是坚持让儿子完成学业，二是我正在做的案子，在征得客户同意后，按照不同领域分配给其他最好的专业律师，每个案件每个阶段需要做的工作，都在我的备忘录里边，谨记照办。

第二天，我挺过来了，还坚持赴约，独自开车30公里去客户那里谈案子，汇报工作。

回来的路上，客户说，领导对你的表现非常满意。其实那时我身体非常虚弱，元气大伤，有气无力，能够表现淡定，坚持走出领导的视线，已经是忍了再忍，使出洪荒之力。

律师外表看起来必须像钢铁侠一样坚强。

律师没有案子的时候，是不是可以悠闲自在地干点自己想干的事情？比如喝喝茶，聊聊天，泡泡脚，旅旅游。

不是的，你不能闲下来，要时刻准备着。

人永远都不要闲下来，一旦闲下来，你会恐慌。尤其是律师，如果闲下来，就会丧失斗志和激情。

律师业务如同逆水行舟，不进则退。律师需要不断地学习，不断地更新知识，才能跟上时代步伐。

法律经常会有修改和更新，司法解释更是层出不穷。比如2019年最高人民法院《关于审理建设工程施工合同纠纷案件适用法律问题的解释（二）》（以下简称《建设工程司法解释（二）》）出台了，作为这个行业领域的专业律师就必须加强学习，自己学习还不行，还要给本部门的律师进行培训。

所以，我在2019年春节期间几乎都是在学习这个司法解释，年后上班第一周我就在全律所开办了《建设工程司法解释（二）》的专题讲座，不久后成功地举办了上海建设单位企业法律风险论坛，反响不错。

没有案子可做的时候，除了学习外，还要积极开拓案源，不能在家等着。

积极参加投标。一旦接受了人家的邀标，就要认真研究案件材料，组织研讨后，撰写法律服务方案，满怀信心地递送过去，充满希望地等待。

结果，人家告诉你，你没中，因为你是陪标的，希望理解！我当然理解，下次我还是会这样做，哪怕还是陪标的！

小案子，做不做？客户问。当然客户希望你帮忙，并说，可能以后会有大案子。

做，我不能犹豫。客户需要你帮忙了，能拒绝吗？这个案子很小，也没有差旅费，结果折腾完了没赚到律师费，还赔了钱！

心中永远保持一种期待和希望不好吗？我认为，这是律师应该付出的成本和代价。

和钱有关吗？

我喜欢发朋友圈，而且是认认真真地发，肯定是我自己拍摄的美图，然后配上自己写的美文，是一种记录，更是一种分享。

我发朋友圈的频率很高，一般情况下每天都会有，最多"隔三岔五"。

东边日出西边雨，我的朋友圈里永远是阳光明媚；早起赶高铁，深夜进家门，你在我的朋友圈里，看到的是，车窗外黄花满天，绿水青山，四季如春。

我每次发的朋友圈，点赞的很多，留言的很多，交流的很多，很多朋友成了我忠实的"粉丝"。

有一阵子，心情可能不是很好，忘记了什么原因，或者是忙碌，反正好几天没有发朋友圈。

突然有一个好友发微信给我："张老师，最近怎么了？"

我回复："没怎么啊！"问得我丈二和尚摸不到头脑。

他又问："为什么最近没有发朋友圈呢？已经五天了！"

我顿时哈哈大笑起来，笑着笑着笑出了眼泪：还有人这么关心我啊！

朋友圈俨然成了一种信号，可以反映你的生活状态，同时有人可以窥见你的喜怒哀乐。

于是我就决定，无论工作多忙，无论心情多糟，都要坚持发朋友圈。出差途中，法庭内外，小桥流水，花开花谢，都可以进我的朋友圈。以此顺便告诉我的朋友们：

我没事，我很好，我还坚强地活着。

我喜欢工作之余写文章，都是原创的，写自己的执业经历和心得，写律师故事，写案例，一般发在自己的公众号里，觉得不错的就投稿。2018 年里我在智合公众号发表了十几篇文章，并且获得"2018 年度十佳作者"称号。

写作，其实是律师的必备技能，起诉状、上诉状、辩护词、代理词，都是体现律师文字功底的法律文书。文字功底好，表词达意就准确，给阅读者一种美好的享受，裁判者才会更好地接受你的观点。

我业余写文章当然不是为了训练文字功底，更多的是总结经验，吸取教训，还有就是分享。我分享的不仅仅是执业心得，还有律师困苦工作中应有的乐观，艰辛劳动中应有的洒脱，黑暗中的希望，不灭的正能量等。

因此我拥有很多粉丝，阅读我的文章成了他们的期待，经常有编辑朋友约稿：张律师，最近有新文章吗？经常也有读者问：张老师，最近有新文章发表吗？您说，为了我的读者，我能够闲下来吗？

为了能够写出好文章，我晚饭后不出门应酬，在家看书，出差在火车上看书，在机场候机室看书，在宾馆里也看书。

结果发现看书不仅仅是为了写文章，看书，成了习惯，成了生活。书，没有给我带来"黄金屋"，没有给我带来"颜如玉"，但是带给我的是无形的收获和无穷的乐趣。

经常有律师问我："张律师，你在智合发文章，花多少钱啊？"

我说："不花钱啊，不仅不花钱，还有稿费呢！"

"稿费多少啊？"

我说："不多。"我反问："这和钱有关吗？"

我在十年前，代理过几个中专毕业生就业安置的行政诉讼案件，竟然胜诉了。《中国青年报》和《法制日报》专门报道过，于是就有全国各地的中专毕业生来找我打这类官司。

在北京时，有成群的毕业生去北京找我；来上海了，有成群的毕业生来上海找我。为了响应"和谐社会"，我几乎都是拒绝代理，但是我会免费给出我的建议，或晓之以理动之以情地劝解，或指引正确的法律途径依法诉求。有很多当事人接受了我的建议，不再东奔西跑。

但还是会有不折不挠的当事人不远千里三番五次，非要让我出面代理，情真意切，不容拒绝。我去年就接了一个。

我为什么最终接受了这个地方的代理呢？

其一，这是一个美丽的草原，是我向往已久的地方，很想去看看。按说草原的夏季最漂亮，我最终还是冬季去了，因为案件在冬季推进不了了，需要我过去，我不能等到夏季。

几经辗转，我从温暖如春的南国飞到冰天雪地的北方，虽没有绿油油的草地，不见成群的牛羊，也没有蓝天白云，但是我身在枯黄的大草原中，还是感受到了它的大美。

其二，这群学生很有诚意，非常朴实热情。他们自己非常努力地去配合律师工作，也知道其中的艰难，虽然至今迟迟没有立案，也没有任何人去抱怨，没有人出现偏激的言行。

人与人之间的交往不就是一种缘分吗？有时候当事人想出再

高的费用，律师也可能不愿意做，但是有时候律师却愿意为客户提供法律服务，甚至是免费的，为何？可能就是缘于一种情结。

《世说新语》记载了一个故事：东晋的一个雪夜，在山阴的王徽之独自饮酒，到动情处，突然想起远在剡县的朋友戴逵，于是乘舟去看他，一路欣赏雪景，走了一整夜后到达门口，却突然决定返回。

问他何故？答曰：我已尽兴，何必再见？

既然欣赏到了优美的风景，何必在意酒肉与琴乐呢？

有人说，律师是在用生命办案，并非言过其实。

搜一下英年早逝的律师，大都不是功成名就的大律师，而是普通律师。是责任和信仰使然，和钱没多大关系。

扛得住高压，抵制住诱惑，守得住清贫，耐得住寂寞。这是律师的职业要求。

有了案子，不是惊喜，而是压力；没有案子，不是悠闲，而是恐慌。这是律师的生存写照。

既然选择了律师职业，就必须适应这种生活。

我们只能在拼命的同时，学会解压，学会工作，学会生活，学会养生，像庖丁解牛一样，游刃有余。

既然法官这么懂法，
律师还有存在的必要吗

在有些人的眼里，法官既然是裁判者，应该是最懂裁判规则的，即便不需要律师也能够作出正确的判决，律师是可有可无的角色。

其实不然。

我们首先来看，单靠法官一个角色能够解决社会纠纷吗？

法官懂法，但法官必须坚守"不告不理"的原则，这是由司法权的被动性决定的。

法官不会去找案子，不会鼓动当事人去法院打官司。律师可以，律师可以引导当事人走法律程序，拿起法律武器维护自己的合法权益，正是由于律师的积极参与，当事人选择了法律程序，在一定程度上减少了上访的数量，减轻了政府维稳的压力，加上律师的普法和劝导，公民的法律意识也会得到提升，社会矛盾也会得到缓和。

我十年前曾代理过很多行政诉讼的案件，在我接受案子之前，当事人已经上访了很多年，他们东躲西藏，舍家撒业，维稳人员围追堵截，苦不堪言，劳民伤财，耗费很大，最后大家都累了，打官司吧，反而都轻松了，因为他们把困难交给了律师。

专业的事情找专业的人去做。目前律师参与诉讼的比例越来越高，这是社会进步的表现之一，律师可以提供快捷和专业的服务，因为有些当事人连"法院的大门"都找不到，更别说一次性提交一份合格的起诉材料了，法官也希望案件由律师代理，至少节省了交流的成本。法律还规定了有些刑事案件必须有律师参与。

法官懂法，但法官必须坚守"不左不右"的原则，这是由司法权的中立性决定的。

立场不同，思路就不同。刑事诉讼中，检察官代表国家对犯罪嫌疑人提起公诉，尽管法律规定，检察官既要收集对犯罪嫌疑人不利的证据，也要搜集有利的证据，但事实上，后面的工作只有依靠律师去做。对于犯罪嫌疑人来说，依靠自己的力量根本无法对抗强大的检察权，如果没有律师，产生冤假错案的可能性就增大很多。如果没有律师辩护，检察官和法官很难主动要求认定自首情节，很难主动要求从轻处罚，很难主动要求无罪审理和判决。检察官考虑更多的是怎样将罪犯绳之以法，法官考虑更多的是采纳还是不采纳辩护人的意见。

法官懂法，但法官必须坚守"不偏不倚"的原则，这是由司法权的公平性决定的。

在行政诉讼中，被告是行政机关，行使的是公权力，原告行使的是私权利，如果没有律师支持，行政诉讼就会失去平衡，只能是一边倒。即便有律师参与的今天，行政诉讼的难度也可想而知。记得有一个地方的政府工作报告曾提到上年度行政诉讼无一起败诉案件，政府真的全都依法行政了吗？只能说明原告要想打赢行政诉讼，非常艰难。我十年前代理过的一起毕业生告政府和教育局的案件，一审、二审都获得胜诉，《法制日报》和《中国青年报》都报道过，后来也相继代理过十几起类似案件，但也有的败诉了，理由却是五花八门。

这说明什么？不同法院的法官对于法律的理解和适用有时候也不是统一的，甚至千差万别，这个时候律师的作用就彰显出来了。律师可以引经据典，上下五千年，律师可以援引判例，古今中外。律师可以帮助法官正确适用法律，不至于走向偏激，律师可以对抗行政权，保护私权利免受过度侵害。

法官懂法，但法官也存在行业知识欠缺的局限性。

为什么中国在 21 世纪初开始重视培养法律硕士人才呢？法律硕士的初衷就是要求先学习掌握一门非法学专业，然后才能学习法律专业，法律硕士是一种复合型人才，因为法律是一门实践性学科，几乎涉及各行各业，它在规范所有领域，不是单单通过背法条、记理论就能学好的，还需要行业的专业知识。

法官不是仅仅懂法就能把案子审好，还要懂得更多的行业知识才行，这就需要更多的复合型律师来弥补这一缺陷。律师不仅懂法，还懂得行业知识，这是专业律师的特点。

我在代理建设工程的案子时，遇到过有的法官，对于建筑行业的知识一窍不通（听说，基层法院是通过电脑分配案件的，不是靠专业），其中有一个案子在离上海200多公里的外地，每一次开庭法官都会遇到新的行业问题，就会休庭，我开车去了8次，最后一次是二审开庭，主办法官又纠结在设备费是不是包含在工程款里面的问题中，花费了我大量的精力和时间去解释，最终才获得认可。我经常在法庭上花大量口舌去解释本应不是问题的问题：什么是专业分包？什么是劳务分包？什么是指定分包？什么是挂靠？什么是转包？等等。

法官懂法，但法官的时间和精力有限。

法官的工作环境主要就是法院和法庭，他们端坐在高堂之上，有时一天一动不动，紧张有序地批量地流水式地审理案件，变换的仅仅是当事人和律师，他们审完案子还要加班加点写判决书，当事人不可能指望法官出门把你想要的所有证据找到。律师行走在江湖之中，时间相对自由和灵活，可以为了当事人的利益不辞辛劳四处奔波。律师可以一年只服务于一个大客户，可以只做一个案子，法官不行，有多少案子他们都要审理，没有选择的自由。

所以对于案件的事实和证据，律师掌握的要比法官更加全面，律师理解的要比法官更加深刻，律师的工作就是将证据呈现在法官面前，通过摆事实讲道理，说服法官接受他的观点。法官只能通过法律事实来裁决案件，不可能完全还原客观事实和历史真相。

近来，最高人民法院和司法部在全国各地建立了律师调解制度，按照这一制度设计，律师、律师调解工作室或者律师调解中心作为中立第三方主持调解，协助纠纷各方当事人通过自愿协商达成协议解决争议制作的调解书具有法律效力。可见，律师解决社会纠纷的作用越来越大。

我们再看，律师的价值和作用有哪些。

律师是司法权的"矫正器"。律师通过辩护和辩论，以及上诉、再审，可以帮助法官和检察官少犯错误。君不见，有多少冤假错案不是经过律师的参与才得以昭雪的？

律师是当事人的"保护神"。当事人即便再有理由，如果没有证据支撑，也难以获得法院支持。能够将客观事实搬到法庭，变成法律事实，实现案件还原，实现公平正义，离不开律师。律师全心全意维护的对象，只有自己的当事人。所以律师经常会把"受人之托，忠人之事"当作自己的座右铭。

律师是司法改革的中坚力量。律师永远走在司法改革的前沿，因为律师是在社会矛盾最激烈、最尖锐的旋涡中行走的人，追求公平正义，永远是律师不变的宗旨。

律师是法治建设的催化剂。每一个典型案例，每一次法治进步，都离不开律师的参与和努力，有时候是呐喊，甚至是牺牲。

目前全国 40 多万律师的大军，作为法律职业群体的一支重要力量，活跃在法治建设的舞台，其作用和价值可以说是日益彰显，不可或缺。

一个大律师是怎样炼成的

有一天，我慕名去拜访一位业界的资深大咖，我很想知道他是怎样一步一步做成大律师的？在我的软磨硬泡之下，他看着我这个小律师的真诚的眼神，于是推心置腹地讲起来。

"没有一个人刚开始进入一个领域，就在短时间内做成大咖的，除非他有得天独厚的资源和条件。"他先说出一个观点，我非常认同。

"我没有背景，也没有资源，也没有天赋，就是一个普通人，我只有靠自己去努力。

"我为了推广自己，在一些网络平台买广告位，在报纸上买豆腐块，参加各种会议发名片，有时候去写字楼，当然经常碰壁，吃闭门羹。

"我这样四处撒网，总会有收获，尽管案子不大，但是我都会战战兢兢地对待，小心翼翼地处理。

　　"我几乎是无条件地满足客户的要求：

　　"一个 A 客户，随时有问题，随时打电话，有时候是深夜1 点钟，一打就是一个小时，我晚上都不敢关机。有一次，他在子夜一点打电话让我一个小时内赶到 60 公里以外，紧急处理一个公司人事问题。我偷偷下床穿衣，轻轻开门关门，回来时，天快亮了，老婆坐在床边快崩溃了，就差报警了。

　　"一个 B 客户，在我刚刚把案子立上那一天起，就开始打电话，催我，让法官赶紧开庭，刚刚开完庭那一天，催我，让法官赶紧下判决。我于是天天给法官打电话，最后惹得法官气急败坏，把我狠狠训斥了一顿。

　　"一个 C 客户，在第一次见面时，我就告诉他，他的这个案子有很大风险，证据不充分，我们只能是争取。他说这个都理解，没事，尽管去做。结果真的败诉。他马上翻脸，责怪律师，什么不负责任，水平不行啊，等等。我那时，被他数落得无地自容，陷入深深的自责之中，好久没有抬头，还差点抑郁了。"

　　我非常同情地回应一下："我现在的处境也是这样啊！我就想知道，你怎么成为大律师的？"

　　这时，他接了一个电话，说："王总啊，我现在忙着，一会再打过来吧！"就挂了，然后喝口茶。

　　他接着讲。

　　"后来案子多起来，我忙得不可开交。

"为了不想丢失客户，他们把律师费压得很低，我也答应了，自己辛苦一点就是了；他们提出各种无理要求，我不敢反对，一一去做……

"我吃饭也谈案子，开车也打电话，加班加点，周末没有休息，睡觉也睡不好，以致经常失眠。

"有一次，我开完庭，签完笔录，一站起来，头晕目眩，坏了，耳朵嗡嗡地响，浑身无力。我坚持到医院，医生说，你太累了，需要休息。

"回到家，照照镜子，这才发现，自己的头发白了很多，也少了很多，脸色苍白，很憔悴的样子，这明显是未老先衰的征兆啊！我这才执业五年，就这样啦？"

我打量他一下，说："你现在精神不是挺好的啊？我就想知道，你是怎么做成大律师的？"

他继续讲。

"第二天，一个 D 客户，打电话给我，让我催一下法院，还气急败坏地说：判决书为什么还没下来，这都过去一周了？我回复他：你不能着急，法院不是我们家开的，人家也不是就我们一个案子，法官会有安排的，要耐心等待。

"一个 E 客户，打电话给我，你一定要保证我的案子胜诉啊！没等他说完，我回复：对不起，律师不会保证案件的结果，你买的是律师的时间，不是结果，要找保证胜诉的律师，可以考虑换律师!

"一个 F 客户在晚上 12 点打电话来，说有一个合同需要审查，很急！我说，抱歉，我要休息了，明天上班第一时间肯定完成。我就挂了，那晚我睡得很香。

"还有一些当事人，找我代理案子，向我哭诉不幸的命运，还哭穷说负担不起律师费，还要延迟缴纳，请多帮帮他们，差点就跪下了。起初我心软，接了一些，不但没挣到律师费，还担了一些风险。再后来，全国各地的类似案件的当事人再来找我，我拒绝代理了，否则会把我累死的，天南地北的，但我可以免费给出我的指导意见。"

我问："你这样不就得罪了一些客户吗？客户不会流失吗？"他摇摇头，说："你猜结果怎样？"

他继续讲。

"我睡眠好了，有精力了。我工作之余有时间了，可以看看书，提高一下自己的专业知识。周末节假日，可以度度假，休休闲。

"然后我整个人精神了许多，自信了许多，敢于向无理要求说'不'，不再饥不择食地接案子，学会合理安排时间，提高效率，学会养生，形成了良性循环。"

"客户呢？"我问。

"原来的客户对我越来越尊重，优质客户也越来越多，我就做成了人们眼中的大律师。"他往后靠了靠座椅，显然是讲完了。

我在回来的路上陷入沉思：作为律师，如果你无原则地去迁就客户，不仅得不到客户的尊重，也不会对案件有什么帮助，还可能带来负面作用。

真诚做人，认真做事，客户是你的，认可你，跑不了；不认可你，你去勉强，也拉不回。

这时车载收音机里传来一首好听的歌，是王菲唱的《传奇》，"宁愿用这一生等你发现，我一直在你身旁从未走远"，不是"因为在人群中多看了你一眼"，而是我的坚持和努力让你心回意转。

律师办理案件的过程，
远远比结果更重要

当事人找律师打官司，最喜欢问的问题就是：能打赢吗？也就是说，当事人最关心的就是结果，不论手段。结果固然重要，但是忽视奋斗的过程，也不会有好的收获。

没有努力奋斗的过程，就没有幸福的时刻

我记得在中学语文课本上学过莫泊桑的《项链》，堪称其代表作。当时老师讲，这篇文章反映了一个普通女人因为虚荣心造成的悲剧。玛蒂尔德为了参加一场舞会，借了她朋友一串项链（其实是假的，价值 500 法郎），结果丢了，她于是借钱买了一件相似的项链还给她朋友，花了 36000 法郎，她与丈夫为了还上巨额债务，身兼数职，起早贪黑，省吃俭用，吃苦耐劳，经过 10 年奋斗终于还清了债务。

现在我以法律人的思维重新阅读这篇佳作，发现其实不是悲剧，应该是喜剧。

小说的结尾在发现真相后没有继续往下写。按照中国的法律规定，完全可以按照不当得利的事由，要求其朋友返还那件真正的项链，而补偿她朋友500法郎就可以了。这样玛蒂尔德立刻就会变得富有，这样看来是不是喜剧啊？

试想：如果她没有出现这个差错，也不会去努力工作，就不会发现自己拥有创造财富的无限潜力和价值。玛蒂尔德回过头来，回忆自己奋斗的过程，收获的不是痛苦，应该是甜蜜。她还可以写一本奋斗史，起名为"平凡之路"，不行，与我的书重名，或者叫"平凡的世界"，也不行，那是路遥写的。

说到这里，加一个小插曲：自从我的《平凡之路》出版后，有朋友见面，对我说，你的《平凡的世界》写的太棒了！我哭笑不得，说那是大作家路遥写的，我可不能和他比，我的书充其量就是一个自传，能够吸引人，只是因为它代表了一部分法律人的相似经历，而人家路遥的作品反映了一个时代的社会变迁。

不过，我自豪地对他说，可惜路遥已经去了极乐世界，我还在这人世间继续拼搏和奋斗。

我这样解读《项链》以及自嘲自己的作品，其实就是想告诉人们：奋斗的过程，永远比享乐的时刻有意义。

·猫头鹰·

幸福是短暂的，奋斗的过程才是永恒的

我们可以回忆一下自己小时候春节前的状态。我们在热切的期待中盼望着过年，并且为过年做充分的准备，比如提前写好作业，准备了新衣服，制作了新玩具，买对联贴对联，赶年集，买年货。可是真正到了大年三十，晚上大人都在"熬五更"的时候，我们睡着了，就这样"年"过去了！

过了年，春耕就开始了，人们都忙碌起来，我们的幸福也到头了，开学了！

我们是不是经常有这种感觉啊？在等待重大节日的过程中，在期盼喜悦时刻到来之前，我们的心情最美妙，希望时光慢一些。

我们学哲学知道，事物的发展规律就是这样的：开端、发展、高潮、结局。幸福到来的时刻，就意味着结局也不远了。所以说，幸福是短暂的。

况且人不可能天天享受幸福，每时每刻享受幸福就不是幸福，会适得其反。

我喜欢南通吕四的海鲜，但不可能天天吃啊，吃多了，血尿酸会高，也会腻的。

我喜欢成都的麻辣火锅，但作为一个不能吃辣的山东人只能是挑战一下自己的胃口，如果是顿顿吃，别说肠胃受不了，屁股也受不了。

我喜欢呼伦贝尔的手把肉，但不可能常住那里啊，我还有我

的工作和生活。

最终我们还是会回到五谷杂粮、家常便饭的餐桌上，过上老百姓平凡的生活。

基督教和佛教的教义，都在强调，人生在世，就是受苦的。我理解，我们毕竟不是达官贵人，没有先天的优势条件，我们是普通人，必须靠自己的奋斗，才可能有出路和希望。正所谓，没有吃不了的苦，却有享不了的福。

不要沉醉在荣耀时刻，忘记了继续奋斗

绝大多数当事人找律师打官司，就是为了追求一个好的结果，却不去关心过程。

当然结果很重要，而且好结果几乎都是客户打官司的唯一目的，也是律师的至高追求，但是我们忽略过程，往往也不会有好的结果。

作为当事人，难道可以不关心你的证据提供的充分不充分吗？

难道不去更多地了解对方当事人的情况吗？

难道可以不配合律师的工作吗？

难道可以把律师的意见当耳旁风吗？

难道可以不用关心律师的个人安危吗？

· 鱼 ·

案件的结果是由很多因素决定的，不是说把案子交给了律师，你就万事大吉了，就可以坐等胜利的成果了。律师需要你的配合，需要你的支持，需要你的理解，甚至关心。

对于律师来说，即便有了胜诉结果，律师也只是体会到一刹那的成就感和喜悦感，不可能一直沉浸在幸福之中。

胜诉是不可以用来消费的，荣耀时刻不可以一直用来曝晒，因为别人觉得那是应该的，无须惊喜。

因此，一个案件的胜诉判决书来了，只有装订好了案卷，放起来，再去拼搏下一个案件。

判断一个律师是否是一个优秀的律师，不能光看案件的结果，还要看他是否以负责任的态度全身地投入了精力，不能光看他的能力，还要看到他的努力。

过程同样重要，甚至更重要

一旦一个案件的结果不好，是不是就可以全盘否定了我们的努力？是不是可以下结论说：我们枉费努力一场？

我代理过一个集体诉讼的案子，是关于毕业生就业分配的。经过一审和二审，结果打赢了，但是执行陷入了困难，被告一直没有按照判决书完全履行。如果看最终的诉讼目的，结果并不好，但是大家没有感觉后悔，反而觉得收获不少。以下是他们的真实感受：

（1）他们毕竟在法庭上发出了自己的声音，宣泄了积压多年的冤屈，因为以前没人理他们，没人听他们说话；

（2）他们拿到了胜诉的判决书，可以理直气壮地告诉周围的看客，正义属于他们，他们不是瞎折腾；

（3）他们在诉讼中团结一致，增进了友谊，有些原告之间成了生意伙伴，还有的从相识到相爱，最后组成了家庭；

（4）诉讼过程中他们学习了法律知识，武装了头脑，增强了法律意识，与人打交道有了底气；

（5）诉讼过程中他们锻炼了办事能力，长了不少见识。

这不是精神胜利法。从长远来看，一个案件只是人生长河中的一个插曲，也许这个插曲会暂时改变你的现状，也许什么也没有改变，但是在追求正义的过程中锤炼的能力和增长的知识，却可以改变你接下来的整个生活和命运。

反过来说，如果不择手段地追求好的结果，也许你会赢得了一个案子，却失去整个人生。

试想，你向法庭提交了假的证据，蒙蔽了法官，或者通过非法手段，搞定了关系，最后判决让你多得了几十万。拿到判决书，你沾沾自喜，可能从此失去了继续奋斗的动力，可能会继续施展你的伎俩，做更多的违法犯罪的事情，是不是迟早有一天，你会裁了？这样的损失或许比几十万多得多！

爬山的过程，其实比在山顶收获更多

爬山的过程，比登上山顶有趣得多。

我常爬家乡的泰山，从岱宗坊拾级而上，一路到中天门，沿路都是著名的石刻，你会欣赏到历朝历代名人名家的书法作品，以及诗词名句，简直就是在享受一场文化盛宴。

中天门到南天门，可以远观悬崖峭壁的迎客松，可以近看潺潺流水中的小鱼虾，大自然的魅力尽收眼底。

南天门往上，就是陡峭的十八盘，可以体验心惊肉跳的快感和上气不接下气的粗喘。

终于到了天街。天气晴朗时，可以呼喊：登泰山，而小天下！阴天的话，感受"荡胸生层云"。但，很快你会发现，要么是太阳晒得厉害，要么是阴雨霏霏，让人冷得发抖。

高处不胜寒，不可久留。

习近平说，幸福都是奋斗出来的。又说："奋斗本身就是一种幸福。只有奋斗的人生才称得上幸福的人生。"

没有奋斗，就没有幸福和喜悦，不先品尝苦难，就尝不到甜蜜，不经历风雨，就不会见到彩虹。

任何事情都是这样的，道理很简单，但做起来很难。

文章快要结尾的时候，我从沙发上抬起头看看钟表，已是中午 1 点多，刚要准备吃点东西，终于等到儿子回复的微信："老爸，我还在图书馆写作业呢，再约时间聊吧。"

儿子在美国佛罗里达州读大学二年级，与我们时差 13 个小时，总是找不到合适的时间聊天，要么他在上课，要么我在工作，他还经常在图书馆泡到凌晨 2 点。

这不，我和他约了一周了，还没约上，这个周六又被拒了，我微笑着骂了一句：这个小兔崽子！

亲
情
篇

·乌云枯树·

但愿人长久

　　最近一段时间，我身边发生的事，对我触动很深，使我不得不静下心来重新思索生命的价值和意义。年前，我大姐家的外甥，收工后吃过晚饭睡下，第二天再也没有醒来，走时30岁，留下两个儿女，孩子跟着女方走了，把孤独和痛苦留给父母。

　　近日，我曾经共事的同事，出差期间，不幸离世，40岁。老婆和孩子从远方赶来，人已去，只留下冰冷的骨灰。

　　他们曾经就在我的身边，一个是我的亲人，一个是我的同事，音容笑貌历历在目，如今人说走就走了。人的生命非常脆弱，需要我们加倍珍惜和呵护！

　　为了节省一张门票，爬墙进入动物园的游客，可曾想到落入虎口？粗心大意的司机，为了赶时间，可曾想到会发生灾难性的车祸？快乐出行马来西亚的游客，可曾想到飞机失踪，游轮倾翻，生命无常吗？从出生到终老，人无时无刻不走在危险的边缘，能够一帆风顺，平平安安的人，是极其幸运的！

我的朋友们，喝酒不要再玩命地喝，哪怕是为了一个大单！开车不要急躁，哪怕一次重要的会议会迟到！加班不要无节度，哪怕工作再重要！

走路不要只顾低头看手机，可能眼前的路很凶险，路边的绊脚石、极速的车辆、盯着你的歹徒都是危险因素！路边的小摊不要随便吃，可能里面含有要命的致癌物！

人生苦短，知足常乐！

物质的追求永远是没有止境的，年收入 100 万元，还想着 500 万元，挣够了 500 万元，还想 1000 万元，数字是没有上限的，世间有几个人能够轻易实现 1 个亿的小目标？既要挖掘和激发自己的潜力，最大限度地实现自身的价值，更要量力而行，适可而止。不要只顾了工作，而失去了生活。多少知名的成功人士只顾工作忘了生活而撒手人寰？

学会享受生活，是人生的一大学问。记着下班回家，和家人一起吃饭，会享受到无可比拟的亲情；学会工作之余，找点时间陪陪老婆逛街出游，会加深夫妻间的感情；学会周末买菜做饭，会体会到创造、奉献和共享的乐趣；不要忘记工作之余打打球，会会友，喝喝茶，聊聊天，让自己放松下来，慢下来，沉下来，静下来！

不要轻易生气，生气会伤肝！不要急于求成，欲速不达！凡事看开，海阔天高！

不要透支身心，迟早要还！不要疲于奔命，生命可贵！

始终保持一种良好的心态，戒骄戒躁，不烦不怒，得失随缘，道法自然；时常清净自己的心境，提升自己的格局，走平凡之路，享快乐人生！

（本文写于 2017 年 2 月）

娘就这样走了

2017 年，6 月 25 日凌晨 4 点 45 分，辗转一夜不能入眠的我刚要睡着，被一阵电话铃声叫醒，一看，是嫂子的电话，嫂子就说一句，我就昏过去了，手机被老婆接过去，再也听不清说了什么。

嫂子说："咱娘想你了，回来看看吧！"

不能不相信，人是有第六感觉的，只这一句话，我不知道为什么就会想到：娘走了？

那天上午儿子要参加托福考试，我泪眼蒙眬地开车送他到考场，没让儿子看见，然后泪眼蒙眬地回家，几次找不到路，就停在路边，坐在车里失控地恸哭，很无助的、不知所措的样子，好像天塌下来了。

老婆领着我急忙赶到火车站，买了时间最近的一趟高铁。

在车里，这时候我才真正理解小 D 为什么在父亲出事后，只想睡觉了，他不想面对这个残酷的现实，希望只是一个梦。我也想睡觉，在高铁的座位上睡着了，哭醒了，又睡着了，又哭醒了。可是，小D睡醒后，奇迹发生了，父亲被"长江七号"救活了。我不知道，在我睡醒后，在我回到老家的时候，是不是还能在村头看见娘在大门口远远地张望？

无论你走多远，有娘在，老家就是心灵的港湾。

我从考上研究生那年就离开了老家，在沈阳读了3年法律硕士，毕业后到北京工作，从事律师职业6年，然后又去了上海，如今已近6年。在这15年的辗转漂泊期间，我们一家三口每年至少回家两次，雷打不动，一次是春节，一次是暑假，每次也就一周左右，还不停地走亲访友，真正在娘身边的时间其实很短。

但我每次回家，必须留出一定的时间，坐在娘身边，不厌其烦地听娘不停地唠叨，娘的耳朵聋，我们就坐得很近，彼此的声音很大，连大门外的路人都听得一清二楚。

娘唠叨最多的是："儿啊，你能替人家办好事情吗？你又不会花言巧语的。""儿啊，不要拿了人家的钱，不办事啊！要对得起自己的良心！""千万要注意安全,注意身体,不要太劳累！"云云。

然后就是唠叨娘身上多年的老毛病：娘因为积劳成疾，腰椎滑脱做了手术，却留下了后遗症，导致腿部萎缩，还有老年性瘙痒症，还有血压高，等等。我在北京时，曾带着娘去北京最好的医院去看病，吃过不少的药，还找过很多偏方，都不曾治愈，娘一直忍受着病痛的折磨，已经十几年了。

　　尽管和娘在一起的时间很短，但是每次回家过年，就像一年奋斗了365天，就为了这一天一样，我们都非常期盼，非常兴奋。唯独去年春节，因为我的案子忙到节前最后一天，我们正在痛苦纠结时，娘在电话里说："我好好的，不用回来了，就这几天，折腾啥？"没想，一念之差让我失去了和娘过最后一个春节的机会。

　　以后过年，哪里还能找到娘？没有娘的大年怎么过啊？

　　无论长到多大，有娘在，你永远是个孩子。

　　律师这个职业，不仅辛苦，而且压力大，因为当事人只有自己实在解决不了才会想起律师，所以我接的案子都是比较复杂、棘手的案子。

　　案子一旦忙起来，就忘了给娘打电话，甚至几次去老家泰安出差，都没有时间回家看娘，就直接回上海了，也不敢告诉娘，怕她担心，更怕她想念和牵挂。

　　工作实在太累了，也不能老是在外熬着，就顺道回家住一晚，一进家门，扔下背包爬到床上就睡着了。说也奇怪，夜夜不能入眠的我，一回到娘身边，就像个孩子一样，睡得很香，睡得很沉。等我醒来，娘坐在床头端详着我，面露微笑，就像母亲在看一个熟睡的婴儿。

　　"吃饭吧"，娘轻轻地说，娘已经做好了香喷喷的饭菜，我狼吞虎咽地吃着，还是小时候的味道，还是娘的味道。

说也奇怪，每次回到老家，紧绷的神经就会放松下来，完全回到无忧无虑的孩提时代，感觉真好！

娘啊，您忍心走了，以这种方式是想让儿子尽快长大吗？是为了让我不再是个孩子吗？

四个小时的高铁，仿佛过了一个世纪。

我们来到村头，没有看到远远地在门口张望的娘，只见黑压压的人群，和忙碌的亲友。

还有灵堂！

还有静静地躺在床上，等候我们归来的母亲！

娘还在，只是不能再唠叨！娘还在，只是不能再醒来！

真的不敢相信自己的眼睛，悲恸欲绝的失控和姐姐撕心裂肺的哭声瞬间把我击毁。

我刚刚离开两周，娘怎么就走了？说好了的，我明天回来看您，为什么就不能等我一天啊？

三周前我去拉萨开庭，娘突然得了脑梗，姐姐不想让我着急，没有马上告诉我。等我从西藏回到上海，姐姐才给我打电话，这时娘已经住进了医院，娘接过电话，乌拉乌拉一通话，我一句也没有听清，我立刻泪崩了，以前说话好好的娘怎么突然不会说话了？又是老婆接过电话。

我周五回到老家，在医院陪娘度过了一个周末。期间娘小便失禁，差点急哭了，我们劝慰娘没事，姐就像对待尿裤子的孩子一样给娘擦洗身子，后来娘自嘲地笑了。娘是个体面的人，娘最担心自己不能自理，给孩子添麻烦，让别人难堪。我走时，娘嘱咐我："好好工作，不要牵挂我，有你姐呢！"

娘住院十天，医生让娘回家康复，坚持锻炼，姐姐轮流日夜陪着娘。我每天一个电话，每次听说娘都有进步：能自己站立了，能自己走动了，能自己吃饭了，能说话清楚些了……

我心里听着宽慰多了。

我这才能在周五之前出了一趟远门，是律所总部组织的半年工作总结会议，在太平洋的邮轮上度过了一周。期间信号和网络都不是很好，几乎处于失联状态。回到上海我就给姐打电话，问娘，姐说娘进步很大。我和姐说，周日或者下周一回去一趟，看看娘，顺便在泰安有工作的事情需要处理一下。

没想，我还没有启程，娘周日一早就走了，为什么不等等我？难道是害怕见到我，担心改变了难舍的心思？

我为娘披麻戴孝，在炎炎的烈日下；我给娘磕了365个头，在坚硬的水泥地上；我哭得死去活来，不能自已；我恨那段麻绳，夺走了娘的生命！

娘与众不同，给过我两次生命。自我有记忆时起，村里就有很多人给我讲过同样的故事：1972年的春天，刚出生三个月的我得了严重的肺炎，娘带我去住院治疗，医生用尽了医院里所有的药物和治疗手段，都不见效。家里人去医院看到我的样子，都是摇着头，劝娘放弃孩子回家吧！有气无力的娘把奄奄一息的我紧紧地揽在怀里，不停地摇头，不停地掉泪。医生给娘下了三次病危通知书，让抱着孩子走人。娘死活赖着不走，见我一发病她就跑去喊医生，晚上也不让医生睡觉，折腾得医生很是够呛。娘在我睡着时，就帮着医院干活，帮护士打扫卫生，给医生打热水，倒垃圾，非常勤快，医生和护士都很喜欢她。可是住院三个月，我的病没有一点起色，医生说所有药都试过了，除了红霉素。有一天，医生来告诉娘，说隔壁病房托关系从外地买来三支红霉素，他的孩子两只就可以，让娘去问问。娘如获至宝，到隔壁病房哀求人家卖她一支红霉素，最后娘给人家跪下了，终于把他们感动了，娘以高于市场价三倍的价格买来了。娘赶紧让护士给我打上，说也奇怪，一支红霉素就救活了我的命。娘说，我出院时，布谷鸟叫，麦子黄梢儿，注定我一生命好。

娘经常说我是大命之人，应该好好的，早晚有出息。

娘啊，儿好好的，也有了出息，您为什么狠心选择离我而去呢？

娘是个苦命的人。娘的娘家就在我们村的东头，靠近沙丘和树林，是这片沙林养育了娘，让娘的心细如沙，心事如林。我的童年几乎就是在外婆家度过的，也就是在这片沙丘上的树林里长大的。记忆中的外婆家很穷，人口很多，娘学会了吃苦耐劳，嫁给父亲后只能靠自己的辛勤劳动才能养活我们兄弟姐妹四个。

娘身高力大，在年轻时，跟着生产队下田种地，参加劳动，为我们家里挣工分；娘不辞辛劳，一个女人家老早就会使用辘轳自己种菜卖菜，成为远近闻名的种菜好手；娘骑着金鹿牌的大轮自行车，从几十公里外的市场买了菜再去几十公里外的市场卖掉，给家里补贴；娘心灵手巧，做的针线活儿和手工活儿在村里屈指可数，即便在娘生前最近的日子里，还在给家族的孩子们缝制绣花鞋垫和牛角帽子……

1991 年我参加完高考后自己百无聊赖地在家里待着，娘去田里干活儿了。突然我听见娘喂养的一只母羊撕心裂肺地呼叫，我出去看时，只见母羊要生产了！我临时做了接生婆，我接生了两只小羊，不过有一只被我用剪刀剪脐带时，不慎剪得太短了，没有成活。我正在为自己的接生失误感到愧疚和自责时，我的大学录取通知书来了。

等娘从田地里回来，先是看到一只夭折的小羊，正要嗔怪我时，我拿出录取通知书，娘的脸上马上开了花。

但紧接着，娘就为我的学费和生活费犯起了愁。

在经过四处借钱碰壁后，娘的一个大胆的决定改变了我的命运，也改变了娘的命运：娘要去城里做生意卖菜。那年娘 52 岁，父亲 55 岁。

娘为了拿到好菜，凌晨 3 点就得去批发市场，然后运到零售市场，卖上一整天才能卖掉，一天能挣十几块。就凭这，娘供我完成4年的大学。时至今日，娘凌晨3点起床的习惯还是没有改掉。娘的劳累导致腰椎滑脱，手术导致小腿肌肉收缩，腿疼的老毛病折磨了娘很多年。

现在娘解脱了，不再唠叨她的腿疼，不再唠叨她的皮肤痒痒，不再唠叨她的诸多老毛病了。

悲壮的长号吹响了，娘要下葬了，我才如梦方醒：娘真的要走了！我再也见不到娘了！

披麻戴孝的队伍拉得很长，有老人，有年轻人，也有孩子。姐姐的声音已经沙哑，早已哭干了眼泪，老婆哭得喘不过气来，不停地打嗝和呕吐。

娘啊！我们再也听不见您轻轻而又亲昵地喊您的儿媳"小马"了，您的儿媳再也不用每次回家给您添新衣服了。娘啊！二姐再也不用天天来看您了，再也不用天天来给您洗衣服了，娘也不用天天向大门口张望二姐了！

乡里乡亲来送行的人很多。

娘是个善人，所以娘的人缘很好。

娘虽然是过过苦日子的人，但娘从来不小气，有好东西就和左邻右舍的人分享，所以经常来串门的人很多，和娘脾气很投缘的兄弟姐妹侄女媳妇也很多。

娘也是一个很讲道理的人，轻易不发脾气，非常和蔼可亲，一旦发脾气，也是有理有据，不能不让人信服。

所以娘的为人有口皆碑，就连小孩子也喜欢娘。送完葬回到家里，四婶家的三岁孙子浩泽，问他奶奶："二奶奶呢？"——父亲排行老二，所以娘是"二奶奶"。

"二奶奶走了，上天堂了！"

"天堂在哪？"他接着问。

"很远很远的地方，再也不回来了。"

他立刻哭起来说："不行，叫她回来！"然后他一抬头，看见娘的照片在墙上，就突然高兴地说："让二奶奶从上面下来就行了！"

在场的人无不动容。

娘走了，留下了一只小狗，不吃不喝，好像在绝食；娘走了，留下了一只小猫，不停地叫着找它的主人，因为只有它的主人对它好，娘每次都是用嘴嚼了饭菜喂它，它才肯吃。我扔了骨头和馒头，它只是闻闻，却不吃。我哭着对它们说："你们的主人走了，我的娘走了，我们都要学会自食其力，因为以后我们再也不能把自己当成孩子！"

娘走了，远在天边近在眼前的亲人都回来了，几乎涵盖了九族的亲戚，就连三十几年不见的儿时的伙伴我也见到了，如同一次家族大聚会，却是用娘的生命换来的大聚会。

我和伙伴聊起儿时的故事，不能不提到一件记忆犹新的事。在我大约八岁的时候，在麦场和小伙伴比赛扔棍子，我转了几圈失去了方向，一松手，不知棍子飞向何处。正要找寻时，只听见"哎哟"一声，一个大妈捂着头走过来，大喝一声："是谁砸了我的头？"我们一看情况不妙，闻声赶紧逃跑。

这个大妈是一个老寡妇，也是远近闻名的硬茬，一般人都不敢惹。她知道我的家，我不敢回家，就躲藏起来。直到天黑，我一直藏在一个玉米垛里面，几次看见娘和姐打着提灯走过去，嘴里喊着我的小名，我就是不出声。到了深夜，外面没有了动静，我就有些害怕，于是钻出来往家走，在门口看见娘在哭，我跑过去抱住娘哭起来。娘说，没事了，娘已经买了东西看望了那个大妈，没大碍，就是头上一个大包很难看。我忍不住笑了。

娘走了，走得无声无息；娘走了，走得无牵无挂。可是，娘啊，您让儿怎么接受得了？

娘啊，曾记得您让儿好好学习？我苦读诗书破万卷，伏案寒窗十几载，先后考取大学和研究生，成为村里为数不多的佼佼者。

娘啊，曾记得您让儿好好工作？我走南闯北十几年，从山东到东北，从沈阳城到北京，从北京到上海，勤勤恳恳，兢兢业业，在业内有口皆碑。

为什么娘在花开的时候，选择了离开？

我每次回家给娘包厚厚的红包，娘都念叨："在外挣钱不易，不要老是想着我！"娘这次偏瘫住院期间，总是担心花钱，总是担心连累子女，总是担心儿日日牵挂分散精力。娘总是念叨，我拖累了你姐和姐夫，天天来照顾我，也不能出去挣钱，靠什么吃饭？

我在病房对娘说："娘，放心治病，儿有钱，不用担心；让姐先伺候着，我再忙也会经常回来看您，不行我就给您找保姆！"娘只是不停地掉眼泪，不停地摇头，非常难过的样子。

临走，我对娘说，好好养病，好好活着，等我十年后，我退休回家给您养老送终。可是娘啊，一年也没有等到，一天也没有让我尽孝！十几天前在病房的分别竟成了我和娘最后的生死离别！

77岁，娘选择了离开！可是我就是想不明白：娘是如何让自己沉重的身体悬挂到门窗上？娘为了体面的一生，是如何忍心离开这个花花世界的？娘为了不让孩子牵挂，是如何狠心离开自己爱怜的子女的？我相信娘一定有千言万语需要交代，为什么不和我作一次最后的话别呢？

娘，我给您上完了一七，我要走了，我要回上海，还有很多工作要我去做。

我给您磕头了，为自己没有尽到一天孝道而悔恨！

我给您磕头了，愿您在天堂里，没有病痛折磨，没有念想牵挂，没有恩怨情仇，没有难看的脸色，没有鸡毛蒜皮的斤斤计较和争吵！

娘，一路走好！

好人一生平安

自从年初出了一本书《平凡之路》之后，我的读者遍天下。

最早加我微信的竟然是云南腾冲的一位读者。

从地域来说，西到新疆和西藏，北到内蒙古和黑龙江，南到海南岛，东到山东，都有我的读者，当然北京、上海最多。我同学去加拿大，去拜访另一位同学时带了我的书作为见面礼，加拿大这位同学可能是至今我知道的最远的读者。

从职业来讲，读者中法学在校生最多，其次是实习律师，再次是警察，然后是法官和检察官，也有其他非法律行业的。现役军人竟然也有。我一同学在检察院，聚会时拿着我的书和我拍了合影，发到微信朋友圈，结果她一同事说刚买了我的书。有一次开完庭，签完笔录刚要走，法官说还有一名字未签，从包里拿出一本书《平凡之路》，我好感动啊！也好自豪啊！

加我微信的读者，大都写了简短的读后感，当然是感慨颇多，赞赏有加。我自己的书，我知道，写的不是成功之道，而是平凡人的平凡路。有人认为，这本书带给他最大的收获，就是选择了就要勇往直前，只要坚持，就有收获；有人认为，人品大于专业，无论哪个行业都这样；有人认为，在任何时候都不要放弃，哪怕再艰难，再清苦；有人还说，这是平凡人物的奋斗故事，法治建设的职业标本。也有导演在接触我，盘算能否写个剧本什么的。

给我印象最深的，是那些面临抉择和困惑的读者朋友。选择几个读者的留言："在我彷徨的时刻，读到这本书，给了我抉择的勇气。""迷茫中，这本书像指路明灯，给了我方向和方法。"还有不少律师读者选择加入盈科律师事务所。

我不是大律师，也不是心灵导师，书中没有大案例，也没有大道理，只是个人的成长记录，却无意中给读者带来意外收获，是我莫大的荣幸！

在老家参加娘的葬礼的几天里，有一个读者加我，网名叫铁树。他给我留了很多文字，我因为当时陷入悲伤的情绪之中，没有太多时间回复。

当时只是礼貌性回复了几次。我对于每一位加我微信的读者，都会接受并有交流，这是我的原则。

回到上海，突然想起他，于是"爬楼"去看他的文字和文章。

当了解到他的事迹后，我决定专程去北京看望他。

铁树，毕业于北京大学法学院，2013 年一场感冒不幸让他患上病毒性脑炎，不能说话，患病前是一名高级速录师，在法院工作过，北京市书记员业务比拼连续三年第一，在中央政法委工作过，后来自己开公司做速录业务，2005年两会期间总理的政府工作报告全球直播，他一字不错地打完，直播间所有领导和记者都为他起立鼓掌。

突如其来的病症几乎摧垮了这位年轻有为的小伙子，因为肌肉萎缩，说话也困难，字也打不快了，行动也不方便了，妻子也离开了他，现在全靠父母照顾。

他现在的全部生活就是以书为伴，几千册书成为他忠实的朋友，这时我的书《平凡之路》进入他的视线。

看完书后他就在微信留言：我想给你写个书评，非常佩服你！

然后我们成了微信好友。当时也想立即去见他，无奈行程安排得相当紧凑，尤其是西藏的拉萨开庭，来回需要四五天时间。

拉萨之行一切准备就绪，突然在出发前一天法官来电，说被告律师申请延期开庭，这次开庭要推迟了。尽管非常恼火，因为为拉萨之行已经推掉了其他所有事情，且机票住宿等已经付出不小的费用。但是突然取消，也为我的北京之行留出时间。赶紧买票，立刻出发。

出发前，给铁树发了微信。

我和太太下了火车，租车直奔石景山而去。

铁树的家在离北京南站30公里处的石景山，我们用了大概一个半小时的时间到了，因为手机在距铁树家两公里处没了电，不能发微信，只好寻着门牌号一直找到家门口。

他父亲为我们开了门，热情地招呼我们进去。

铁树在书房早就候着了，我们一见如故。他的书房简直就是书海，他不能说话，用手势给我看书，然后拿出早就准备好的礼物：张思之大律师的新书《行者思之》（香港版）和杨立新教授的《民法案例分析教程》。

我给铁树带了一盒茶，他知道我爱茶，就给我备了两个茶碗，景德镇名家出品：一个写着"自在"；一个写着"到老"。还有一个茶碗让我带给李欣姐，写着"观音"。

我们看了铁树患病前接受中央电视台采访时的画面，呈现出的是一个青春洋溢的帅小伙，一个有理想、有抱负的青年！现在的他没有放弃，而是坚强地与病魔作抗争，执着地工作和学习。

相聚短短一个多小时，我们讲话，他只能用微信回我们的话，我们担心时间久了他会劳累，就告别了。他非要送我们到门外，不要人家搀扶，自己走到车门。我和他拥抱了一下，感受到他坚实的力量和洋溢的热情。

辞别铁树，按照计划我们去平谷看李欣姐。

李欣姐和农家小院以硕果累累的景象迎接我们，桃子熟了，葡萄也熟了，西红柿和黄瓜可以采摘了，梨子、柿子和核桃还在树上长势喜人，葫芦娃也快横空出世了！这都是李欣姐的劳动成果。

　　第二天我们早早地去了大山深处的丫髻山，一个道教名山，上面的建筑名称与泰山相仿，仿佛回到了老家，我们在碧霞祠和玉皇顶为娘烧了头炷香，也为亲友祈福，更为铁树祈福！

　　我把优美的景色发给铁树，他很高兴，他回微信说，我能叫你哥吗？我说，好啊！娘刚走了，又来了一个弟弟，好有福气！

　　第二天李欣姐约了朋友一家一起上山，也许山路太险紧张的缘故，也许出汗太多湿气太重的缘故，开车到山顶时，一下车一只脚就踩空了，腰部扭了一下，就不能动弹了。幸好那朋友，叫光哥吧，是一个中医大夫，对我进行了简单治疗，但我只能在车里休养，不能爬山。

　　他们上去一会儿就下来了，是因为放心不下我，于是我们开车回去，回到住处，光哥就对我进行按摩和理疗，足有两个钟头。光哥说，你这腰不是一天两天的问题，是积劳成疾，寒气湿气太重，需要休养。我觉得光哥说的对，看电脑，开车，时间久了，就会出现问题，加上天热吹空调，所以寒气重，也需要调理了。

　　机器用久了，需要修理，人也不例外。不能当拼命三郎，工作和生活两不误，身体是革命的本钱，任何时候都不能放松！这次就是一个信号，从年轻时就打篮球生龙活虎的我，从不觉得身体有问题，只顾工作了。

　　显然我的这次毛病同光哥偶遇，是一个机缘，结识了新朋友；显然光哥聪明可爱的女儿游兴未尽，我送她一本书也算是安慰吧！

下午我们就该回上海了，我的腰虽然疼得厉害，开车还可以，但在我开车一百多公里来到北京南站时，就不能走路了。眼看离火车站入口一百多米，足足走了半小时，我伸着头，弯着腰，撅着屁股，两只手一甩一甩的，像极了鸭子！走几步就要蹲下去歇歇，疼得满头大汗。太太吃力地拉着大箱子跟在后面，看着我那架势，忍俊不禁的样子。

这时，我才真正体会到母亲病倒后的感受，我才真正懂得铁树现在的心情。

回到上海，休养在家，幸好太太勤快，成了我的护士兼大夫，抓药熬药，按摩理疗，全靠她了。更欣慰的是还收到铁树和光哥的问候，虽然躺在床上不能行动，但心里很温暖，这次北京之行，收获最大的是友情！还有亲情！

铁树兄弟，加油！光哥，后会有期！李欣姐，多保重！

用铁树的话，作为结语：我善良，心里干净，问心无愧，是善良给我力量，什么也打不垮我！

好人一生平安！

一起走过的日子

——写在母亲周年祭

我推开老家的大门，看见庭院树下一个熟悉的背影，是母亲在一针一线地给我做绣花鞋垫，我突然泪如雨下喊道："娘，您这一年去哪里啦，让儿子好找啊？"哭着哭着，就醒了，看看窗外，夜空中星光闪闪。

回想一下刚才的梦境，母亲的音容笑貌历历在目，让我一下子回到那个一起走过的艰苦岁月。

一

20世纪70年代，我们村里几乎家家都有一块菜园，记得我们那里盛产芹菜，高而细，嫩而实，香脆可口，远近闻名。芹菜是过冬的蔬菜，需要细心打理，村民会用土坯给菜园盖房子，"房顶"是手工做的草苫子，白天出了太阳打开透透气，晚上冷了放下来保暖，我记忆里这个工作大人几乎天天去做，不亚于按时上下班的城里人的工作。

当时母亲是村里少有的早早学会用辘轳给菜园浇水的女人之一，因为母亲长得高，有力气。

那是我小学三年级一个寒冷的冬夜，估计在子夜一点左右，我正睡得迷迷糊糊中，听见母亲窸窸窣窣地穿衣服，外面寒风呼啸，估计是寒潮骤降。我从被窝里伸出头问母亲："娘，去哪？"

"我去菜园，白天没放下草苫子，要不把芹菜全冻坏了！"母亲说，"睡吧"。

看着母亲一个人消失在夜色中，我感到有些害怕。

过了好大一阵子，终于听见母亲开大门的声音。

"怎么还不睡呢？"母亲有些责怪地问我。

"娘，你害怕了吗？"我问。

"不怕，娘不怕！"母亲说。

那时就觉得，母亲就是一个天不怕地不怕的人，有母亲在，我很快就安稳地睡着了。

但是，随着渐渐长大，我发现母亲不是一个什么都不害怕的人。

听人不止一次给我讲，我三个月大时，得了急症，住院好几天也不见好转，母亲害怕了！母亲经常半夜去敲值班医生的门，医生烦了就告诉她隔壁病房，有人从大城市里买到了红霉素，母亲给人家下跪，才高价求得一支，我才起死回生的。

当我和小学同学打了架，赌气背着书包回家，决定不去上学时，母亲害怕了！她亲自去找校长，让校长到家里给我做工作，我才不情愿地跟着校长回去的。

当我考上大学没钱交学费，借不到钱时，母亲害怕了！她决定连夜卷着铺盖去了人生地不熟的城里打工挣钱，这在当时，是村里人想都不敢想的事情。

当我毕业那年为情所困佯装自杀时，母亲害怕了！她日日夜夜守着我，寸步不离，唯恐我离她而去。

当母亲得了脑梗，行动不能自理了，她害怕了！唯恐连累了子女，麻烦了别人，于是选择自己悄悄地离开人世间……

二

我是在离家近 30 里地的小镇读的高中，学校规定一个月可以回家一次，我很少放弃回家的机会。

那年高一，在一个秋高气爽的周末，我挤公交车回家，在一个小镇下车后，再徒步走上八里地才能回到村里，一路上我和夕阳赛跑，等跑到家却看到大门紧锁着。我去问乡邻，得知母亲去田里收地瓜干了。

那时父亲在外地打工，姐姐哥哥都成了家，里里外外都是母亲一个人。家里的一块地，种了地瓜，秋季熟了，刨出来接着在地里切成片，然后摆开晾着，晒干后储藏起来，一部分喂猪，一部分卖钱。

我放下书包，就直奔田里去。我家的田地离家足有五里地远，还未找到地方，太阳已经落山。

空旷的田野，看不见几个人了，只有路上忙完农活匆匆回家的村人。我记不清过了几个桥，越过了几条沟，就是找不见我家的田地，看不见母亲在哪里。

我借着远处一条公路上过往的车灯，隐约看见前方田地里一个黑影蹲在那里，慢慢地挪动。

"娘——"我喊一声，声音瞬间消失在旷野中，显得那么无力。

"娘——"走近了，我再叫一声。

母亲抬头看过来，怔了怔，惊呼一声："我的儿，你怎么来了？你怎么找到这里来的？"

我看见母亲已经装满了车子，剩下的地瓜干不多了，我帮着捡起来。

母亲说："我正在犯愁呢！天黑了，这么多地瓜干，怎么运回家呢？"

"我来，"我说，可是我从来没有推过这种木制的小推车，中间是一个轮子，两边木制的构架上各放一个大筐，筐里装满了地瓜干，这可是需要力气和技术的农活儿。

我一只手抓一个车把，一使劲就把车子抬起来。

"你还真行呢，没想到成大小伙子啦！"母亲惊奇地赞叹道。

母亲在车子前面拴了一根绳使劲地拉着，我在后面推着，我们就这样深一脚浅一脚地走起来。

车子开始在田地里非常吃力，因为土地比较松软，几乎全靠母亲的拉拽，轮子才会转动，车子到了乡间路上就好多了。

天色已经完全暗下来，夜空只有几个星星，发着微弱的光，不能照亮前行的路，只能靠母亲熟悉的脚步指引着方向。

"累吗？歇会吧！"母亲问。

"不累！"我说，其实汗水已经湿透了我的衣服，腿部已经打颤，我只是机械地跟着母亲走。

其实母亲用的力气很大，我只是扶好了车把，掌握好方向就可以了。

一路上，母亲不断地鼓励我，还有路边的小虫在低吟，蟋蟀在歌唱，仿佛也在为我加油，我不能让它们失望。

那一次，我真正找到男子汉的感觉，体会到一个男人在家庭中的责任感！我永远无法忘记和母亲一起战胜困难的经历，那个美好的夜晚，还有回家后母亲做的香喷喷的手擀面。

三

1991 年我考上大学那年，母亲因为给我借钱交学费，没有筹齐，一赌气离开家来到县城租了房子，每天凌晨三点就起床去城外的批发市场批发了菜，运到市里的菜市场一点一点地卖，一直卖到天黑，记得一斤最多有两毛钱的差价。

那年春节大学放假回到家，我直接去城里找父母。快到过年时，母亲决定不回家了，母亲说，春节期间，正是卖菜最快的时候，也是一年里最挣钱的时候。

我不同意，我还是想回老家过年，有句话说得好："有钱没钱回家过年。"回家过年多热闹啊！可以见到乡里乡亲的，儿时的伙伴，其实我内心还有一个强烈的愿望：刚考上大学，回家可以风光一下，满足一下虚荣心！

我就和母亲闹别扭，不吃饭，就一个人坐在墙角哭，母亲劝我，我不听，母亲也哭。

我哭完，就一个人跑到青云山上静坐，吹风，实在饿得不行了，就偷偷回家，吃了饭就钻进被窝。

母亲赶集回家，做好了饭，轻声叫我吃饭，我说不吃，母亲也不吃。

后来，我法律硕士毕业后来到北京做律师的前几年里，因为刚刚工作，人生地不熟的，日子过得很艰苦。有一年春节，不好买火车票，更重要的是手头非常紧张，不好意思回家，可能是无颜见江东父老吧，于是我们一家三口决定不回家过年了。

大年三十的晚上，我们窝在房子里，听着京城的上空陆续响起的鞭炮声，看着春节联欢晚会的节目，当听到主持人"回家团圆"等煽情的语言时，我们一下子控制不住想家的情绪，三个人一起大声哭起来。

这个时候，我才真正体会到当年母亲为什么不愿意回家过年的良苦用心，要强要面子的母亲何尝不想回家啊？

此后，无论是抢票回家，还是后来开车回家，回家过年几乎是我们全家的必修课，有一次春节我从上海开车回家，开了19个小时，把母亲心疼坏了。2017年春节前，我给母亲打电话说，我腊月二十九还要开庭，估计没时间回去。母亲说：不用回来了，打个电话就行，路上这么远，这么累，别折腾了！

于是那年我们真的就没有回家过年，不料那年母亲就走了！

我不知道这世间，有多少人来过，有多少人离开；我不知道这人世的轮回，是否真的存在；我知道这生生死死，是自然规律，谁也无法抗拒；我也知道母亲的离世是为了让我们过得更好，人在旅途，不再有牵挂。

一起走过的日子，必将成为永久的回忆，我只有擦干眼泪，带着母亲的爱前行，我会更加坚强，我会更加努力，不会让天堂的母亲失望。

我推开窗，发现夜空中有一颗明亮的星，于是我打开最爱听的歌曲：

> 夜空中最亮的星 能否听清
>
> 那仰望的人 心底的孤独和叹息
>
> 夜空中最亮的星 能否记起
>
> 曾与我同行 消失在风里的身影
>
> ……
>
> 每当我找不到存在的意义
>
> 每当我迷失在黑夜里
>
> 夜空中最亮的星 请照亮我前行

我们只能送你到这儿了

当儿子拿到自己心仪的美国一所艺术大学的 offer，当接到该大学通知说有奖学金，当收到消息说该大学会奖励一个价值不菲的笔记本电脑，当儿子顺利办完签证，自己买了机票，准备独自漂洋过海去留学时，我突然感觉到，一个小家伙长大了，要离开父母独自远行了。

我心中的五味瓶一下子打翻了。

儿子天生胆小

当年我带着老婆孩子一起出关，去东北读法律研究生，可能是辽宁大学"前无古人后无来者"的现象，因为法学院的老书记曾在公开场合如是说。那年儿子四岁。

为了给儿子找一个合适的幼儿园，颇费了些周折，最终我们坚持"再苦也不能苦孩子"的教育理念，选择了辽宁省军区幼儿园，一是离家近，二是档次高，尽管学费已经占据了全家收入的60%。那时老婆在沈阳打工一个月1400元，我是全脱产，没有任何收入，两个学生的学费、房租和生活消费全靠了她的这些收入。

儿子入园之初，格格不入，送他上学的节奏是：死死抓住我的衣领不放，大哭着被老师抱走；接他放学的节奏是：他第一个从教室里冲出来，百米速度扑到我身上，几乎把我扑倒。

幼儿园放学后有一段"散养"的时光，就是家长把孩子接出幼儿园后带到一个广场，让孩子们集体撒野。他们经常"打群架"，儿子胆小，站在后面，一旦他们那伙打赢了，他比谁都跑得快，冲到前面；一旦打输，他比谁也跑得快，也冲在前面。

他们还经常去玩一个滑梯。那个滑梯很高，滑道很长，而且弯弯曲曲，儿子同学玩的多了，自然不怕，儿子却不敢玩。

我叫他上去，几次三番后他终于鼓起勇气爬上去了，却站在平台上面不敢滑下来。

"滑下来！"我大声喊。经过儿子身边的同学们纷纷自豪地看他一眼，然后很神气潇洒地陆续滑下来。

"我怕！"儿子几乎哭着说。

"别怕，闭上眼睛，滑下来！"我有点生气了。

"我不敢！"他还是站在那里不动。

我有点气急败坏了："你现在马上滑下来，如果你不下来，我就走了，再也不要你了！"我作出要走的姿势。

"爸爸——"儿子急得大哭，但他没有退路，退路已经被同学们堵住了。

他看我要走的样子，一下子跳到滑梯里，瞬间滑到地上，爬起来就跑到我身边，抱住我不放，边哭边喊："爸爸，你不能不要我，我听话不行吗——"

我一把把他抱到自行车的前梁上，边走边说："这不是很棒吗？以后还怕吗？"他连连摇头。

作为奖励，我带着他去了附近的北陵公园。北陵公园是清太宗皇太极的墓园，公园很大，下午六点以后是免费开放的。我们骑着自行车迎着夕阳，走在宽广的道路上，两边是郁郁葱葱的苍松古柏，还有整齐排列的"下马碑"。按说在古代，文武大臣走到这里，每遇到一块"下马碑"都是要从坐骑上恭恭敬敬地下来的，但我们可以不下来，我和儿子在自己的坐骑上优哉游哉，信马由缰，爱去哪去哪。

我偷偷看看坐在前面的儿子，他幸福微笑的脸颊上还有明显的泪痕，其实我的心里何尝不是在流泪啊！

贫穷培养了一个爱好

在我们租住的 45 平方米的房子里，每晚黄金时刻两集联播的《蓝猫淘气三千问》的动画片，成了我们唯一的娱乐节目。梦幻般的侏罗纪世界深深吸引了我们，高大威猛的恐龙是儿子的最爱。

恐龙的画册、恐龙的模型，是儿子的奢侈品，因为我们买不起太多，于是我就照着电视上画给儿子看，儿子也跟着学。后来，我们就自己制作恐龙模型，材料是衣服或者鞋的包装纸壳，先是平面的模型，后来发展到立体的模型，再加上色彩和装饰，有模有样的，家里俨然成了恐龙的世界。

"材料"是稀缺品，经常是供不应求，为此，我们常常晚上出去在大街上溜达，看见谁家门口扔了纸壳子，或者窗台上放了不用的鞋盒子，就偷偷顺走，唉，简直成了小偷！

有一次，一家老乡朋友邀请我们全家去做客，他们住的是豪华大房子，儿子偷偷问妈妈："为什么他家的房子这么大，咱家的这么小呢？"妈妈说："你没发现咱家有自己做的恐龙，他家没有吗？"儿子若有所思地点点头。

离开时，阿姨问儿子："你喜欢什么玩具？尽管拿走！"她家儿子的玩具如山，让人眼花缭乱。

儿子指了指门口的纸壳子问："阿姨，这个我可以拿走吗？"

就是在这样的环境下，儿子对画画产生了兴趣，对手工制作表现出了天赋，这些爱好，仅仅是业余爱好，没有经过任何培训，却让他在后来的上海市机器人大赛中手工制作组获得一等奖，让他成了我在 2017 年出版的《平凡之路》的插图作者。

今年儿子在申请美国大学时，提交了自己绘画的系列作品，以及艺术成长之路的陈述，很快获得八个大学的 offer，他最终选择了有自己喜欢的动漫设计专业的学校，这个学校的动画和插画专业在全美排名数一数二。

谁曾想，废弃的纸盒子，成就了一个人的梦想？谁曾想，贫困的生活，反而激发了一个人的潜能，走上艺术之路？

在旅途中成长

儿子几乎是随着我们在天南地北的颠簸中成长的。

儿子出生在山东泰山脚下的一个小县城，随我们在学校里度过两岁的婴幼儿时期；然后我们去沂蒙山下的临沂打工，他在那里度过了一年的封闭式幼儿园；我去沈阳读研究生，儿子在沈阳上了三年的幼儿园；我毕业后来到北京做律师，刚好儿子在北京开始读小学，六年后他准备小升初时，我们又来到上海发展，他在上海读了三年的初中。高中是在上海的一家国际学校就读的。

在沈阳，儿子经受住了漫长的冰雪严寒的考验；在北京，他接受了古都深厚的文化底蕴的熏陶；在上海，他又融入现代化大都市的节奏。他回老家用山东话和亲戚聊天，和东北人会用东北话唠嗑，在北京讲纯正的普通话，在上海还能听懂上海话。

行万里路，读万卷书。话虽这样说，但我们一直有困惑，对于儿子来说，我们不知道这是"福利"还是"不利"？一切不是刻意而为，是机缘，也是巧合。一切好像命中注定，是梦想，也是追求。

我的每一次工作和求学的经历，都是一次放弃和重新选择，都是一次涅槃和重生，也是一种不断自我否定和进步的过程。我大学读的是师范院校的历史学，毕业后当老师，工作 8 年后，在 32 岁那年考上法律硕士研究生，毅然决然辞掉铁饭碗，带着全家去求学，毕业后去了北京当律师，那年 35 岁，经过艰苦的奋斗，在北京站住了脚跟，一个机缘巧合，2012 年突然决定来上海发展，于是举家搬迁，这个由市场决定命运的魔都，给了我更大的发展空间。

我一直在想一个问题：是我的不懈追求和曲折的平凡之路，成就了儿子的健康成长和成才，还是母子的陪伴成就了我的事业？

如今，儿子要远行几万里，漂洋过海，去那佛罗里达岛，加勒比海岸，我不必说"尚未佩妥剑，转眼便江湖。愿历尽千帆，归来仍少年。"也不必说："莫等闲，白了少年头，空悲切！"

我只想在儿子 8 月出国的那一天，送他到浦东国际机场安检入口，忍住眼泪对他说："孩子，我们只能送你到这儿了，父母不可能永远陪伴你，以后的路自己走！"

美丽的风景总是稍纵即逝

2018 年 10 月 12 日，北京的李欣姐给我打电话。

"弟弟，我告诉你一件事，不要着急。"

我急问："何事？"我的心咯噔一下。

"别急，一定别急！"姐顿了一下说，"我们的小院被拆了！"

"为什么？谁拆的？"我真急了。

好好的小院怎么说拆就拆了呢？那是姐花费了多少心血和心思才建起来的，村里明明说可以盖房子的。

姐说，周围大棚的房子都拆了，不光是咱家的。那天来了几百号人，开着推土机，拿着铁锹，好像还有带枪的。邻居有人嚷着和他们拼命。姐没事。

姐说，人家说这是国家的规定，既然是国家的规定，就拆吧。

那天，姐只把我们买的木制沙发挪出来，其他的，随他去吧。

姐坐在一边看着，房子瞬间倒地时，姐还是忍不住哭了，默默地哭了。

我决定回去看看。一周后，我赶回北京小院去看姐。

客厅没了，厨房没了，卧室也没了，都没了！一片废墟！整个大棚基地，都是狼藉一片！

我安慰姐说，上楼吧，楼上还方便！

姐说，还有狗狗呢，我要和它们在一起。

怎么住啊？我不理解。

姐说，我有办法，拆房子的人家说了，可以搭草棚子。

我以为姐在说气话呢！

一个月后，姐给我拍来了图片，我们的大棚里出现了好几个草棚子，有狗狗住的地方，有姐住的地方，有简易的厨房，有厕所。外面看了，像小时候见过的瓜棚，里面看了，像是黄土高坡的窑洞。

这时，姐的狗狗增加到 20 只，都有自己的名字，姐能够熟知它们的名字和个性。姐每天早晨起床点名，点到名的狗狗就抬头看她，每天夜晚，姐都去和狗狗道一句晚安。

天气降温了，我觉得姐应该上楼了。大棚里太简陋了，没有任何取暖设备，北京的冬天最冷时可以达到零下 16℃，这怎么能够受得了啊？

我给姐打电话，问在哪呢？回答在大棚里呢！

我问："降温了，什么时候搬到楼上去啊？"

"等等再说吧。"姐说。

我心想：莫非姐还想在大棚里过冬不成？

村里有给村民分的福利房，大妈在世时分得一套，让姐住，离大棚不远，平时闲着，有客人来时，姐就打发客人上楼住，楼上有暖气。

眼看到腊月了，姐还在"瓜棚"里，我们都急了。

为了说服姐搬到楼上去，我专门带着儿子去了一趟北京，联合姐的其他几个亲朋好友，我们打算一起说服"固执"的李欣姐。

我们轮番上阵，我以为凭我做律师的三寸不烂之舌，可以说服姐，儿子也绞尽脑汁，其他亲友配合默契，结果我们都败下阵来。

姐给我们讲。

那一片大棚，周围的人都走了，剩下她自己和狗狗们，正是她想要的环境。晚上，夜深人静了，她和狗狗坐在院子里，她坐在中间，狗狗围着她。那一片夜空，满天的星星，都属于她们。

她和狗狗聊天，狗狗静静地听着，有的狗狗偶尔会叫一声，像是领会了她的意思。

秋天的夜里，院子里飘着水果的香气，有梨子，有山楂，还有柿子。她把狗狗关好了，回到瓜棚，久久不想入睡。

姐说，有时，夜静得可以听见霜降的声音。我说，我信。

这时，姐刚想入睡，只听见啪的一声，引起一阵犬吠，顿时打破了夜的宁静。姐出去看，原来是树上的柿子熟透了，落到地上的声音。姐安抚了狗狗们，狗狗恢复了宁静。

夜的伤口愈合了。姐睡着了。

冬天过去了，第二年春天我和太太去看姐，姐见面就说，看姐是不是也熬过来了？我和太太眼睛湿润了，默默不说话，只是紧紧抱着姐。

我们在大棚里走了一圈，发现墙根下有一个笼子，笼子里有一条大狗，很凶的样子，见了我们就叫个不停，姐过去对它说：是舅舅来了，别嚷了，自家人。大狗就安静了。

哪来的狗？我问姐。

姐不好意思起来，怯怯地说，我收养的。姐那样子，像是做了错事的孩子。

原来，春节前，有人用铁链把这条狗拴在姐家墙外边一棵杨树上，狗就不停地叫，连续叫了几天，姐发现，没人喂它，姐就在墙边搭了一个梯子，姐把食物送过去，狗就狼吞虎咽地吃下。天冷了，姐就出去给它搭了一个棚子，放了些柴草在里面。姐就这样天天给这狗送饭，时间久了，姐见也没人来领，觉得可怜，就干脆领家来了。她担心这狗和那些小狗不合群，就把它单独关在一边。

这狗长得很凶，唯独见了姐，就温顺下来，向姐不停地摇尾巴。

为什么说姐怯怯的？因为我们多次提醒姐，不要再让小狗生孩子了，更不要再去收养别的狗了，姐答应了，给狗狗做了绝育手术，但是不能见死不救啊，还是忍不住就偷偷收养了。

那天晚上，我们在姐的"窑洞"里吃了一顿涮锅。

姐有备好的羊肉片和调料，我们自己在大棚里摘菜，有姐自己种的菠菜、茼蒿、苦菊，还有菜地的野菜：苦菜、荠菜，还有一种带刺的叫不上名字的野菜，统统拿来下锅，绝对是天然的野味。虽然条件简陋，各种不方便，但是能够和姐一起在野外大棚吃着自己制作的美味，着实是一种享受。

晚上，我和太太住在楼上，太太在电话联系安排工作，我正看着书，突然想起冬冬是不是在北京啊？听说他最近北京上海两边跑。于是我发微信问了一下，果然，他说刚来北京呢，明天上午准备跑一个半程马拉松，跑完就过来找我们。这大概就叫作心想事成吧，还是心有灵犀什么的。

第二天下午，我们一行四人开车来到金海湖边，来到一家开在湖边的饭店，老板娘叫小霞，人非常朴实热情，关键是做的红烧鱼头和烤鱼特别美味，让人念念不忘。所以我们每次去北京看姐，都会到湖边小霞那里去。

去湖边不单单是为了吃饭，那边的风景才是最具吸引力的。

山清水秀，五光十色，不足以描述它的美。只是感觉人来到这里，回归了自然，融入山水之中，顿时放松下来。没有职务高低之分，没有出身贵贱之别，不谈荣辱成败，不论功过是非，都是大自然的人。

黄昏时，还没开饭，一道闪电飞过，一阵山雨落下，不到一刻钟就结束了。

还没等我们反应过来，奇迹出现了！

金海湖西岸的落日从云层里突然钻出来，刚好落在山顶上。我拍了一张照，画面是对称的，上面是天，下面是水，中间是线条优美的分割线，分割线的一半是隐隐的青山，一半是细细的堤坝。火红的落日燃烧了整个天空，色彩是瑰丽的，是热烈的，是深沉的，是饱含丰富情感的。霞光洒在金海湖中，在湖面铺开，映照出清晰的涟漪、水草、树影，增添了无限诗意。

大自然就是一个画家，它不断地变换着色调和图案，让我们如痴如醉，我们立在那里，一动不动，什么也不敢做，只有感动，我的眼睛湿润了。

这么多年没见到晚霞了，这是小时候的家常便饭，现在却是奢侈品。我问小霞：你们是不是在这里经常看到这样美丽的晚霞啊？

不是的，我们也不常见的，是你们的缘分不浅啊！

这样转瞬即逝的美景，真的难得，一生中能有几次邂逅？世间美好的东西，真的是可遇不可求。

想一想，这个地球上，人与人相遇的机率有多少？大概是几十亿分之一！如果能够相识、相知、相交、相爱呢，机率更是微乎其微啊！所以说，珍惜身边的人吧，包括你的爱人、家人、亲人，包括你的朋友、同学以及客户，都是与你有缘分的人。

想到这，我突然理解了姐，姐难道不是在寻找世间难得的美景吗？

律师，
什么是你最好的回报

对于大多数律师来说，或许最理想的状态是：案源不断，运筹帷幄，频频告捷，财源滚滚，有口皆碑。

其实，现实是什么样子呢？

你可能参加无数次竞标，或者接待一大波来访客户，不见得有多少收获。当事人往往货比多家，问题是他们比的可能不是专业，仅仅是价格，甚至没人告诉你：你仅仅是陪标而已。

所以案源不断？难！

有些案子，纵使你付出百倍的努力，事事去抗争，可能结果事与愿违，往往与客户的期望值还是有些差距。

所以频频告捷？难！

即便你做到了好的结果，也不见得律师费能够及时到位，一个案子打两年，律师费还要拖半年的事儿常有，甚至不肯付费的也有。

所以财源滚滚？难！

在有的客户眼里，案件结果好，是应该的，和律师的辛苦付出没多大关系；如果结果不好，那就是律师的问题了，甚至千方百计把责任推给律师。

所以有口皆碑？难！

既然案件如此艰难，为什么我们的律师队伍还在不断地壮大？为什么我们的年轻律师还在执着地坚守阵地？

罗曼·罗兰在《米开朗琪罗传》中写过一句话："There is only one heroism in the world： to see the world as it is and to love it."意思是：世界上只有一种真正的英雄主义，那就是在认清生活的真相后依然热爱生活。

原来，这个世界上，没有一个轻轻松松就会获得巨大回报的职业，只是大家都在努力坚守而已。

十几年前，执业之初，当签约一个新案子时，我都会激动不已，下个馆子，来一个小仪式。为什么？那时的压力是养家糊口，急于证明自己。现在接到案子，哪怕是大案子，没有了这种激动，为什么？因为随之压力来了，责任来了，老是想着：怎么做好这个案子，如何维护好客户。

不知道为什么？执业越久，经历越多，按说越经验丰富、见多识广，应该可以从容应对案件才是，不是，我感受到越来越多的是顾虑重重、战战兢兢。

· 抽象人物 ·

律师，什么是你的动力？有人问。

答案可能很多，可能是为了养家糊口，可能是为了改善生活，或者是为了实现价值，或者是为了法治进步。我的动力在哪里？我曾经迷茫过，但最近我好像找到了。

我在 2017 年年初，出版过一本书，叫《平凡之路》，记录了我从事律师职业的心路历程。在书的扉页上，印有我的微信二维码。所以加我微信的读者很多，大多是初入律师行业的，有的是实习生，有的是助理，有的是刚执业的律师，还有半路改行的各行各业的人士。

很多读者成了经常交流的朋友，甚至是神交已久的知己。很多读者看过我的书后，给我发来读后感，他们的收获是我没有想到的。下面是最近西安的一个读者，一个律师助理，加我微信后，发给我一大段读后感，我没有任何修改，原文登载：

我刚刚拜读完张刚律师的《平凡之路》。这本书我买了一个多月了，今天刚刚读完，我的心灵受到了极大的鼓舞和震撼，以致里面好多案例我都看哭了。

回想此前，我也买过好多描写律师执业的书，但是每次读一两页就读不下去，因为里面的案例几乎都是高大上的案子，而且都是胜诉的，几乎找不到败诉的，这反而让人觉得不真实，对于律师助理和实习律师来说，一点经验教训也学不到。

但是今天读完张刚律师的《平凡之路》，我瞬间觉得自己真的学到了很多，不仅是律师执业的东西，更多的是张刚前辈作为一名律师，作为一个丈夫，一位父亲的兢兢业业的精神，震撼了我。也许自己也是农民的孩子，书中好多东西都能引起共鸣。

在此前张律师刚起步那个年代，通信技术互联网平台都不发达，一个已经成家的人，顶着拖家带口的压力求学，忍辱负重，勤奋刻苦。当时信息资源匮乏，张律师完全是凭着自己坚韧不拔的意志走到了现在。这让我们现在这些年轻人都汗颜。反观现在，高科技时代，资源丰富，我们经济压力也不大，可是我们容易浮躁，容易焦虑，有什么理由不去努力呢？

真心敬佩张刚前辈那一代人，那个年代，真的什么都没有，所有的路完全是靠自己一步一个脚印踏踏实实走出来的。每每读到张律师为了当事人和客户的利益殚精竭虑时，我几乎感动得落泪。

虽然我自己迈入律师行业才半年，虽然我今年11月30日才通过法考，虽然我目前还是律师助理，但我真心觉得，中国目前需要更多像张刚前辈这样的律师，平凡、朴素、真实又接地气。

张律师在自己的书中后记部分，说书中的故事和案例都是真实的，都有相关记录可查询，其实在我刚开始读的时候就觉得一切都是真实的，因为经历过，才会写得如此真切，正如马克思主义实践论，实践出真知。

我自己不是法律专业，却一直心心念念要做一名律师的原因，就在于我对律师的崇拜，觉得律师都是维护正义的使者，所以励志苦读自学今年通过了法考。可是当我迈入律所工作了半年后，身边发生的某些事使我对律师行业有些失望，我甚至在想自己要不要继续申报律师实习。可是当我读完张刚前辈的这本书时，我坚定了信心，我一定要努力，继续走律师的道路。

我们的路还很远，而这条路上，张刚前辈从此就成了我的律师之路的人生导师。尽管素未谋面，但是在我身边的律师前辈，以及在我读过别的大牌律师写的书的这些所有律师前辈里面，张刚前辈绝对是我最敬重的一个人。希望他，还有他们一家人，以及他的律师之路越来越好。

谨此勉励自己。

大多读者跟我说，他们在迷茫中从我的书中找到了自信。

我就想：他们为什么能够从我的书里找到自信呢？

我琢磨着，可能是因为我是一个极其普通的人，没有任何特别的地方，走着平凡的路，没有惊人的壮举，却能够依然在激流中勇进。读者们其实比我优秀得多，只要肯付出，持之以恒，必然会超越我。

想到这儿，我的压力就来了，动力就来了。

什么是你最好的回报？有人问。

律师费？客户的好评？朋友的点赞？好像是，好像也不是。

一个月前，一个读者加我微信，我一看地方是毕节的，我搜了一下百度关于毕节的介绍，了解到它是贵州的一个山区，经济比较落后。我和这个读者聊了几句，才发现读者是一个高中女生。这是目前我知道的最小读者。

她说，她在书店看见这本书，买了回来看，原来是一个律师的自传，但是收获很大，给了她很大的鼓舞，随身带在身边，多多勉励自己。

无独有偶，过了不几天，有一个客户找我为他们公司在毕节的工程项目提供专项法律服务，可能最近就要去毕节和业主谈判。

我对毕节一无所知，唯一认识的一个人就是刚刚加我微信的小读者，于是我告诉她，我过几天要去毕节。她给我一个吃惊和欢呼的表情，说："来了能不能给我签名，还有合影啊？"

我说可以，如果有机会的话。

几周后，我登上了去毕节的飞机，那时全国正在降温，落地时毕节淅淅沥沥地下着小雨，因为是山区，所以那里温度更低，最低到了零度以下。

我出发的时候还是西装革履的温度，到了贵州看到周围的人都穿着厚衣，仿佛我是从一个世界进入另一个世界，外表装作没事似的，其实冻得非常揪心。

我告诉了小读者我到毕节的时间，打算第二天找时间见见，满足她的愿望。

原计划谈判一个上午就可以结束，不料对方的节奏太慢，效率太低，还端着官架子，慢悠悠地讲话，慢悠悠地吞云吐雾。

从早晨一直谈到下午，4 点多终于有了成果。我起草了会议纪要，也就两张纸的内容，拿给他们看，对方领导拿着笔，趴在桌上，修改了足有两个小时，然后我们再到电脑上修改后打印。

在我交付打印时，以为领导马上可以签字完事，于是我给小读者发微信：马上结束，很快出发回宾馆。

她说，好的，我马上过去，外加一个非常高兴的表情。

不料，领导拿到会议纪要后，又拿着笔，趴在桌上看了一个小时，才签字。我这次真正理解了有人说，这里的人办事就是拖拖拉拉的，习惯了。

因为是下班高峰，加上天下小雨，路上很堵，走了一个小时才到宾馆。

车子还没进门，我远远地看见路边一个穿着校服的女生，手里提着一个塑料袋，没有打伞，在路边独自站着，灯光下显出瘦小的身影。

我进了酒店大门，下了车，跟她摆手，她立马看见了我，跑过来，递给我塑料袋，说这是给你买的。

我说："天这么冷，为什么不进去等着呢？"

"没事，"她怯怯地说，"怕人家不让进。"

我带她到酒店大堂沙发坐下，她从书包里拿出我的书，我翻开扉页，签下了我的名字，因为冷，手还有点哆嗦，写的并不潇洒。

她和我自拍了几张照片，然后说："谢谢您，我走了，还要回学校上晚自习。"

我送她走出大门，说："好好学习！"

她回头大声说："知道了！"

在去机场的路上，我回想着这个小读者，为了要个签名和合影，在凄雨冷风里站了两个小时，见面只有五分钟，内心突然感觉无比温暖，不再觉得寒冷。

我再去看她送我的礼物，塑料袋里有三个橙子，五个苹果，一包核桃。

难道这不是最好的回报吗？

这时，什么辛苦啊，什么压力啊，什么疲惫啊，什么苦闷啊，什么委屈啊，都统统丢到九霄云外去吧！

陌上花开，可缓缓归矣

2018年8月18日，儿子出国留学的日子到了，我和太太把他送到浦东机场。当行李托运完毕后，就要进安检口了。从托运行李的柜台到安检口也就50米远，我们放慢了脚步走，本想千叮咛万嘱咐，却一句话也没有，很快就到了安检口。儿子挥一挥手，走了。

把我们撇在那里，我们愣了很久，反应过来后相拥而泣。

第二天，太太接到总部的通知，让她尽快到南通和扬州就职执行主任。

当我把太太送到长途汽车站，一个人回到家时，看着空荡荡的家，只有我一个人，顿时一种莫名的孤独感袭来，不知所措起来。

我每天下班回家，要到厨房做饭时，突然想到我一个人吃饭，何必兴师动众呢，于是作罢，随便吃点完事儿。

有时回到家，打开门，先对着屋内喊一声："有人吗？"我知道没人，只有儿子的乌龟在激动地游来游去，还不住地撞击水缸，它以这种方式表明：别忘了，家里还有它！

是的，晚上夜深人静时，我就对着乌龟说话；遇到烦心事时，就对着乌龟撒泼；遇到好心情时，就和它分享；自斟自酌时，突然想起它，于是举杯邀明月，对影成四人，不忘对乌龟说，哥们儿，干杯！

我和太太结婚20年来，从未两地分居过，不能说是形影相随，但是几乎都是一起上下班，很少分开。她在上海的律所做行政工作时，都是我下班后等她，没事干，就写东西，久而久之，《平凡之路》出版了。有人问起，你怎么有时间写书的？我这样回答时，差点把人家的嘴巴惊讶掉。

现在，为了适应一个人的日子，需要动些心思打发时光，晚上跑步，跑完步，看书，看了书，写文章。除了出差外，每天晚上几乎都是这样的流程。因此，我的文章，不断地在"智合"上发表，阅读量不断地创新高。

我的文章引起了上海市律师协会领导的关注，据说领导在多次开会中提到盈科律所有一个张刚律师，他写的文章独具一格，不是在推广自己的律师专业，而是在写律师生活和感悟，传播律师正能量。不久，上海市律师协会宣传委电话邀请我加入他们队伍，于是我成了上海市律师协会微信公众号的一名编辑。

没想到，一个人的孤独成就了他的文章，也成就了他的事业。

· 花园 ·

一天，我看书时，看到一则故事，说吴越王的妃子，在寒食节就回娘家，住久了，吴越王就想念她，于是写信给她，仅此两句："陌上花开，可缓缓归矣"，被后人赞为"不过数言，而姿致无限，虽复文人操笔，无以过之""艳称千古"。

于是，临近周末我给太太发微信，引用这两句话。不料太太回复说：忙着，脱不开身。好吧，你不回来，我就去吧。

做律师有一定的自由，大部分情况下可以自己安排时间，但做管理，时间就不是自己的了。所以，太太回来的机会少，我周末主动去的情况多。

上海离南通虽然只有100公里的路程，因为没有高铁直达，并且隔了一条长江，苏通大桥又很拥堵，所以开车的话通常要在2个小时以上。有一次天下小雨，我从南通回上海竟然走了4个小时。

我本来是一个很没有方位感的人。我在北京的出租房里住了五年，怎么也无法让自己从内心相信阳台确实是朝南的，这倒不是大问题，起码不会影响我的生活。有一次，乘坐公交车去拜访一个朋友，回来时竟然坐错了方向，方向错了不要紧，问题是还睡着了，睡着了不要紧，问题是公交车到了终点也没有醒，直到所有人下了车，售票员大喊一声"下车了！"我才意识到问题的严重性。

后来买了车，情况好些了，我必须强行记忆方位和路线，否则经常出错，但是对于陌生的路线，我还是依赖导航。在上海这么多年，若是去一个陌生的地方，我从未离开过导航。

初到南通也是这样。据说南通的高速路有五六个出入口。我每次回上海，导航总是把我导到离苏通大桥最近的入口，好像是为了替我省钱，但是真真切切一个字"堵"。

有一次，回上海，我特意导航到离我最近的高速路入口：小海收费站，于是输入沈海高速与小海收费站交接点。

我按照导航的指示，先是上了高架，然后下了高架，进入辅路，再拐进一条大路，走着走着，路变得不好走，两边都是灌木丛，我甚至听到路边树枝划蹭车门的声音。开始时，稍有怀疑是不是走错了？然后又想：是不是前面不远处的路会豁然开朗啊？导航选择了一条近路？

但是，路子越走越窄，车子一直开进一个菜园，没有了路。我才意识到，导航确实搞错了！

我正着急琢磨车子怎么掉头呢？这时，不远处一个小屋里出来一个农夫，朝我这里张望，一会儿又出来一个农妇，也朝这里张望。

我进退两难，干脆把车子熄火，下车吧！

既来之则安之，不如假装欣赏一下田园风光！

但见绿油油的菜地，有知名的，有不知名的，长势喜人。菜地旁是一条小溪，溪中水草丰满，小鱼成群，还有青蛙跳进水里。不远处是一口水塘，岸边长满芦苇，长长的白丝垂下，像道仙的拂尘，随风摇摆。密密的芦苇中有小鸟的叫声，和着流水声，特别空灵。

我拿出手机，不停地拍照。那两个人看了一会儿，就进屋了。

此刻，我想起李清照的《如梦令》："常记溪亭日暮，沉醉不知归路。兴尽晚回舟，误入藕花深处。争渡，争渡，惊起一滩鸥鹭。"

如果你不能沉下心来，仔细欣赏，很难发现这里还有如此美景。

这次误入歧途，还有一个收获，那就是我以后不用导航，一下子记住了回去的路。

以前和太太天天在一起时，难免会吵架，现在分开了，吵架的机会就少了。她没时间理我，我也知趣，就不会轻易打扰她。不料，有一次，她在微信上嗔怪我，说我不关心她，平时也不理她云云。我理解她遇到棘手的事情，一个人在外面，一个弱女子，需要面对很多复杂的状况，没有人帮她，就只能对我发火了。

我说，你是领导，不敢打扰，于是我就看书，写文章，打发时光。

她说，以后在文章里不要写我！

所以，有些文章里，就出现"女同事"等字样，周围熟识的同事见到我，问起她来就用"女同事"替代。所以，我不敢当面发火，就在文章里举例，偷偷地报复一下，比如那个在厨房里忙活半天也端不出一个菜来的。唉，不写她，写谁啊？

有时就自我安慰：两情若是久长时，又岂在朝朝暮暮。心里有个人想着，牵挂着，不也挺好。

生活篇

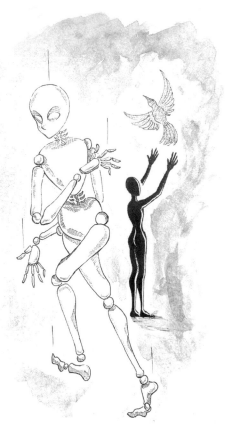

律师的朋友圈，
千万不要设置三天可见

要想了解一个人，先看他的朋友圈。

对于一个新加的微信好友，我一般会去翻看他的朋友圈。朋友圈里可以看出他的职业、他的爱好，乃至他的人品。但是有时会遇到设置了朋友圈三天可见的功能，就只能看到寥寥几条信息，有时甚至什么也看不到，未免有些失望。

为什么会设置这样一个功能呢？无非是不想让别人看到你的隐私，或者以前发过的朋友圈不想公示而已。一般人无可厚非，但律师有必要这样吗？

律师是在司法局备案的，在司法局网站可以公开查询律师的性别、年龄、执业机构、执业年限、执业领域、职务甚至联系方式。很多律师推广网站展示的律师信息更加详细，教育程度、职业变迁、代理案件、手机邮箱微信号样样俱全。

原来律师其实是一个公众人物啊！哪有什么"隐私"可言？我经常接到骚扰电话，教育的、卖房的、培训的、健身的，还有一次假装黑社会讹人的。

你除了立即挂断电话，同时设置拒接以外，还可以出于职业的敏感性警示一下对方：你知道你涉嫌侵犯公民个人信息罪了吗？其余更多的时候只能忍耐。

你既然选择了这份工作，就等于选择了这种生活，律师就是在阳光下工作的职业，没有什么可隐瞒的信息，小葱拌豆腐——一清二白。

微信作为目前最重要的社交工具之一，也是一个最便捷最公平的展示平台，律师为什么不能好好利用呢？

在朋友圈里，你可以宣传你的专业，分享你的成绩，交流你的心得；

在朋友圈里，你可以发表你的原创文章，可以转发你喜欢的专业文章；

在朋友圈里，你可以展示你的工作状态和生活状态，传播一些正能量，激励别人同时自勉；

在朋友圈里，你可以记录自己的成长足迹，记载人在旅途，发表人生感悟。

律师在发朋友圈之前一定要三思而后行，不是不加选择地随意转发，不是不加限制地任意乱发，而是一定要讲求"真诚"二字——真诚地自我展现，真实地进行意思表示，不要虚假宣传，不要无凭无据。

如果你做到了真诚，还有必要设置三天可见吗？你还担心别人看你的朋友圈吗？

我唯恐我的微信好友不看我的朋友圈，或者错过我的朋友圈。我对于翻看我以前的朋友圈并点赞的微信好友表示感动和欣慰，说明他们在试图了解我，并认可我。

通过微信朋友圈，朋友了解到你的专业和为人，尽管他自己没有法律需求，或者仅是鸡毛蒜皮的小事经常打扰你，有时需要你为他提供免费的法律咨询。我认为这也是体现律师价值的形式之一，我经常为自己举手之劳的一点建议为别人提供了很大的帮助而感受到成就感和荣誉感。

更有些时候，也会有迫切需求律师帮助的当事人通过微信找到我，说是通过某某好友推荐过来的，后来成了我的客户。

有人说，设置朋友圈三天可见，是为了不想让别人知道自己的过往。

武帝之相公孙弘，布衣出身，发迹后有发小来投，待之以粗茶淡饭，被发小揭短，感慨"宁遇恶客，不遇故人"，意思是说知道你过往的人很危险。因此有人会通过这种方式，打算与自己的历史作别。

每一个人的成长过程都是一个不断被否定与自我否定的过

程。人不能隔断历史，不能也不该隐瞒过往，应该有一点司马光"平生之事，未有不可与人言"的坦荡。

我在《平凡之路》这本书里，毫不避讳、毫无保留地道出了我的草根出身，年轻时的幼稚和冲动，以及刚刚执业时的困惑，还有自己办理的大量失败的案例。欣慰的是，我在失败中不断成长和进步，取得越来越多的成功，正所谓"不忘初心，方得始终"。这大概正是这本书的成功之处，读者在平凡的故事里读到了我的真诚，在平淡无奇的文字里感受到我的真情。

有的律师跟我讲过他的苦恼：他们很想发一些美景美图的朋友圈，但是担心给客户留下不好的印象，担心有些客户会认为律师不务正业、游手好闲，于是就设置了三天可见。

其实大可不必！

拍几张照片，发几句感慨，是瞬间的事情，是艰苦工作间隙轻松的一刻，是减轻压力释放自己的最健康的方式。一般朋友看到微信朋友圈的是诗意的敬亭山，读到的是空灵的五言诗，但他看不到律师在法庭上唇枪舌剑的争辩，和庭后同对方当事人进行的坚韧战斗，他看不到律师心中难以排解的压力和不顺心时的困惑。

出差途中，转移一下视线，装作胸有成竹，好景一片，是为了给自己壮胆，也是一种自勉。谁闲来无事，一年去西藏五次？他看到我发的朋友圈是蓝天白云、雪域高原，他读到的是"心中没有佛，谁敢上西天"的壮语豪言，可他看不见我去西藏五次中有两次厉害的高原反应，彻夜难眠，他看不见律师承受一审败诉的苦闷和最终获得发回重审的艰苦抗辩。

优质的客户不仅需要一个懂得专业的律师，也需要一个懂得生活的律师，一个有血有肉的律师。只有智商、情商兼备的律师，才是一个好律师。高智商，可以做好案子；高情商，可以更好地交流和沟通。有情怀的律师有助于提高办案的质量，二者是相辅相成的关系，不是对立的。

话又说回来，那种看到你出差旅游发朋友圈就认为你游手好闲的客户，肯定不是优质客户，不要太在意就行了，迟早他会理解你。

律师朋友们，你还要设置朋友圈三天可见吗？

为了公平起见，为了权利义务的对等，您还是放开吧，我可以了解您，您可以了解我，相互做一个真诚的朋友！

为了更好地展示自己的专业和风采，您还是放开吧，让更多客户了解一个真诚的律师，让心灵更加接近，彼此更加信任！

速度与激情

西藏的第二次开庭之旅，我早就提前做好了准备。

先是航班的选择。我密切关注最近的航班情况，发现飞机取消和晚点比较频繁，是大面积大概率的，而且全国都是这样。我不敢冒险，必须选择最早的航班，提高准点率。

于是选择了浦东机场凌晨六点半起飞的航班，意味着五点就要开始安检，如果我从家里自驾去机场，就要三点半起床。问题是回程的机场却是虹桥机场，两者距离50多公里，我需要另外一个多小时的大巴车程才能回到浦东机场取车，再回到家，来回需要多花三个小时。

权衡再三，我决定不开车，而是头一天晚上就去浦东机场附近住宿。我花了两个多小时换乘四趟地铁才到浦东机场的酒店。

庆幸的是，我的航班在东方还没有出现鱼肚白时如期起飞！

当我第二天准时站在拉萨市中级人民法院的法庭门口时，法官来电告诉我，上午不能开庭了，因为对方律师的航班先是取消后是延误，估计下午才能到，于是暂定下午四点开庭。

为什么同样是律师，我就能准时站在法庭门口，而对方律师也是同一个方向来的，就不能呢？

十几年的职业生涯，我的原则就是，为了准时参加开庭，无论多大的困难，都要克服，无论多大的代价，都要付出，这是对客户的负责，也是对法庭的尊重！

回程的旅行本来不用着急的，但因为回程票改签后（拉萨开庭因为对方律师案件冲突延期过一次），客户又临时委托我去山东泰安开庭，算是临危受命吧，开庭时间是我回程票日期的第三天，也就是中间还有一天的时间呢，应该绰绰有余！谁知道，从拉萨到西安再到上海再到泰安，上演了一出"速度与激情"的大片！

我在拉萨贡嘎机场候机时，广播不停地播报飞机取消和延误的航班，我紧张得听了好几遍，都没有听到我的航班，如期安检，飞往西安，又是庆幸！

但在我们将要起飞时，空姐告诉我，西安到上海的飞机取消，下机后请联系柜台重新安排回沪行程，一阵眩晕！

飞机落地后已是晚上 7 点，据悉西安去上海的当天航班全部取消，我们最早的航班只能是第二天 12 点的，天呐！我去泰安的火车票是虹桥火车站下午 1 点 30 分发车，怎能赶得上？抓紧改签！感谢高科技带来的便利，手机上开始改签抢票，在剩下最后几张票的时候抢到了最后一班车，发车时间是 5 点 34 分。如果是 12 点准时起飞，2 个小时的行程，应该绰绰有余啊！

我们随着地面执勤人员的吆喝声，先是换登机牌，然后坐大巴，摇摇晃晃经过 1 个多小时，来到咸阳的一家宾馆住下，已经是晚上 9 点 30 分了，没人管饭了，说好的管吃管住呢？

只好自己出门找点吃的吧，附近只见一家烧烤店，刚落座，一群外国人也进来了，都是我们一个航班的落难者。这家烧烤店的羊肉是论斤卖的，不是按串。外国人开始点菜，服务员就用手比画着解释半天，外国人也不明白烤串是怎么卖的？

我实在看不下去，过去对服务员说，你就按串卖给他们不行吗？于是问题解决了，后来外国人都吃上了烤串，但我点的烤串店主却给忘了！串也没吃成就回宾馆了！

第二天一早我们 8 点就去了机场，候在登机口，祈求飞机准点起飞！

到了登机的时间，登机口迟迟不见服务员出现，什么情况？正在纳闷，有人放了一个牌子在柜台上，上写：因流控影响，起飞时间待定。

待定？待定！待定是什么时间？这估计是最可怕的时间！

还飞吗？什么时间飞？我一直是一个心态沉稳的人，这个时候也开始不淡定起来。

因为第二天 9 点泰安开庭，必须今天赶到泰安，要想今天赶到泰安，就必须赶上今天下午虹桥火车站的最后一班车（5 点 34 分）！

· 高铁 ·

时间在一点一点过去，我在焦急地等待柜台服务员的出现和那扇登机口大门的开启。

如果飞机取消怎么办？如果飞机延误得厉害，赶不上火车怎么办？我必须抓紧制订备选方案。

能不能换乘火车去泰安？我赶紧查票，只有下午 3 点的火车票，但咸阳机场离西安站有 36 公里，那时已经快 1 点了，谁能保证路上不堵车呢？我不敢冒险。

问题是泰安开庭的案卷和手续还在上海单位呢！赶紧安排助理，让她把案卷送到虹桥火车站，并嘱咐说："你先买票，5 点前如果飞机不能落地，接不到我的消息，你就带着案卷检票上车，去泰安开庭。"结果助理没有买到泰安的票（暑假期间各种票都不好买，也是一个考量因素），只好先买到南京打算再补票。这下好了，起码有人在我如果不能按时到达时可以替代我去开庭了！

我正在低头安排工作时，突然听见人群涌动，抬头看竟然排起队来，开始登机！

欣喜若狂！听空姐说 2 点起飞，2 个小时行程，大概 4 点到虹桥机场。这样算来，中间有 1 个小时的时间供我换乘火车，完全是有可能的！

我假装若无其事地在飞机上落座，可是飞机却迟迟没有动静！问空姐：何时起飞？答曰：等待机场指令，大概 3 点！我差点晕过去！

我的天啊！3点起飞，5点落地，下飞机并走出机场最少需要15分钟，火车开车前3分钟停止检票，我还得拉着行李箱，省去取票的流程直接拿身份证进站，给我只剩下16分钟的时间，也就是说我必须用16分钟从虹桥机场的出口到达虹桥火车站的检票口！

飞机大概是3点起飞了。虽然几天的西藏之行非常疲惫，高原反应导致晚上睡眠不好，白天吃不好，紧张的开庭以及匆匆的行程，终于挨到氧气充足的地方，但是我还是不敢在飞机上睡着，我时不时问问空姐，几点了？起飞后，我还是忍不住问空姐，几点到？最后差点问空姐：能不能叫飞行员开快点？我要赶火车！

邻座的乘客，时不时投过来诧异的目光，对我敢怒不敢言，大概心想：这人有病啊！可以理解，人家去西藏都是旅行的，早点晚点无所谓，正好可以睡觉好好休息呢！我这么不淡定，肯定扰了人家的心情。

在无数次祈祷飞机能够顺风，没有云层阻拦，或者飞行员不小心加速后，飞机终于落地了，一落地我就打开手机，一看时间：4点58分，飞行员一点也没有加速啊！赶紧给助理发微信：我落地了，你不用上车了，速到火车站检票口等我。

速度与激情开始了！

我拉着箱子，在确保方向走对的前提下，冲开拥挤的人群飞奔前进，嘴里大声喊着：让一让，让一让！

谁能猜到，当我大汗淋漓浑身湿透地坐在火车车厢的座位上时，距离开车还有多久？

4 分钟！

如何应对航班取消和延误？抗议，起诉？不是。

是什么力量让我赶上了火车？佛助，神助，靠运气？不是。

我想，除了有一个好的身体外，那就是责任！

永远不要放弃希望

上周五，我准备乘高铁去外地开庭。在熙熙攘攘的虹桥火车站等车，候车室里声音吵得实在太厉害，没法看书，就浏览一下微信吧。

我看到微信朋友圈在转发一则"最新全球国民素质排行榜"的文章，这个排行榜据说是联合国什么组织做的，说得有鼻子有眼的。问题是，在这个排行榜 168 个国家里，中国竟然排倒数第二，日本居然排正数第一。

我不信，联合国吃饱了撑的没事干，去做一个伤害别的国家人民感情的事吗？费力不讨好啊，说不定排名靠前的国家都是花钱买的。

开始检票了！

我前面排队的一个男生磨磨蹭蹭走得很慢，他一直盯着旁边一排的一个女生，当他走到检票口时，不动了。我正纳闷时，旁边的那个女生迅速将票插入验票机里面，又迅速抽出，她迅速通过闸门后又迅速把票递给这个男生；这个男生接过那张票，迅速插入验票机里，然后迅速通过。

一张票同时完成两个人的穿越，时间不到五秒钟，配合得天衣无缝，把我看得目瞪口呆！

这样的逃票行为太不可思议了！只有聪明绝顶的人才能想出来！

我坐在车上闷闷不乐，一直对于刚才目睹的逃票行为，自叹不如，自惭形秽，他们是怎么想出来的？转而一想，如果他们把这种聪明才智用在工作上或发明创造上，说不定不久的将来我们国家会出一些世界级的大家，这样想着稍微安慰了些。

我开完庭，一个读者朋友在法院门口等我，他非要开车带我去当地一家比较有名的景点。

我们在景区停车场转了两圈也没有找到停车位，这时旁边车位上一辆车突然发动了，显然是准备离开。我们就耐心等待，等那辆车子刚刚离开车位，我们缓缓启动时，一辆车子从我们后面急速插过，一下子斜插进去停下了。

朋友有点恼火，想下去和他们理论。我说算了，再去找找吧。

我和朋友提起那个朋友圈的文章，他显然也有同感，但又说："我对于日本人排名第一，不服啊！"

我问他："你去过日本吗？"

"还没有机会。"他说。

我就给他讲了一个我年前去日本时的见闻。

我们单位一行20多人去北海道旅行，导游是一个日本女士，从迎接我们一刻起到送我们到机场检票口的5天里，她一直是面带微笑，每次见面和分开，她都会鞠躬90°行礼，对我们每个人都这样，让我们有些不习惯。

有一次，我们来到一个非常偏远的乡村吃饭，饭后有人在门口吸烟，习惯性地将烟灰弹到地上。这没什么啊！一个农村，到处是积雪和积水，路面也不是干净的柏油路，而是普通的水泥路，路边杂草丛生，非常荒凉的样子。烟灰落到地上，如同一口痰吐到黄河里。

这时，导游的举动让我们终生难忘，只见她端着烟灰缸从屋里走出来，让吸烟者把烟灰弹到烟灰缸里，她就在那里端着，一直端着，直到吸烟者把烟吸完。

不可能吧？我朋友带着怀疑的神色说。

我不可能骗你，我们二十几个律师可以做证呢！

好了，就当她是在作秀吧！

朋友还气不过那个插队的，不断地和我吐槽国民的种种不良表现，并列举了大量的例子，我也有同感，我们只能无奈地叹息。

这时，我接到一个电话，一看号码是那个联系了好久，并当面接受过我免费咨询很多次的潜在客户，每次他都对我热情有加，溜须拍马，但是一直没签合同。我觉得这个来电肯定是好事，大概终于要决定签合同了。

不料，那边说，谢谢我提供了这么多的帮助，遗憾的是他已经和别的律师签约了。

我有点被耍的感觉，一气之下把手机摔到草坪上。

我全心全意地为他研究案子，分析案情，指出利弊风险，给出解决方案，好几个周末我都是从外地特意赶回来见他的，简直是推心置腹，知无不言言无不尽。

感觉有点像谈恋爱被欺骗了感情似的，一时接受不了！

"叔叔！"一个稚嫩的声音传来，"是您的手机吗？"

只见一个约莫三岁大的小女孩双手捧着我的手机递给我。

我瞬间无地自容，赶紧收敛了怒容，和蔼地对她说："谢谢你，是我不小心丢的，你太棒了，真是一个好孩子啊！"

我向她竖起大拇指，她高兴地一蹦一跳地离开了。

这是一个多彩的世界，也许生活经常给你无奈，甚至伤害，但守住初心，永远不要放弃希望，人生才会更加精彩。

烟花三月下扬州

故人西辞黄鹤楼，烟花三月下扬州。

孤帆远影碧空尽，唯见长江天际流。

这是李白写的《黄鹤楼送孟浩然之广陵》，扬州自古名扬天下，"烟花三月下扬州"更成了今天扬州的名片。

因为太太负责的扬州分所开业，不能不来扬州捧场，来扬州不能不吟这首诗，不能不提到另一位诗人：孟浩然。

围绕孟浩然，我们来研究几个问题，感觉很有意思。

第一个问题：这里的"烟花"是指什么？

请在以下选项中选择：

（1）指烟花爆竹。如向子諲（宋）《鹧鸪天》："紫禁烟花一万重，鳌山宫阙倚晴空。"

（2）指妓女。如黄滔（唐）《闺怨》："塞上无烟花，宁思妾颜色。"辛弃疾《稼轩词》："烟花丛里不宜她，绝似好人家。"

（3）指柳絮如烟、鲜花似锦的春天景物。如杜甫《伤春》："关塞三千里，烟花一万重。"

我们当然理解为"艳丽的春景"，春暖花开的季节，正是出游的好时光，诗人怎能错过呢？

第二个问题：李白为什么去送孟浩然？

李白比孟浩然小 12 岁，是孟浩然的铁杆粉丝。

当年，那是公元 730 年，李白听说（无法考证什么途径听说）孟浩然要去广陵（今扬州），就托人代信，相约在江夏（今武汉）见面。两人距离遥远，孟浩然出门旅游，又不是离别，还要回来的，李白为什么大老远地跑过去送他呢？

世人揣摩李白的心思，是想着让孟浩然带他同去扬州，可惜孟浩然没有这个意思。我们知道，旅游是需要花钱的，自古如此，当时孟浩然没钱，李白也没有钱。李白也知趣，没有坚持，没有让孟浩然难为情，反而写下了千古名篇。

其实，两个人早在五年前就是故友，李白去襄阳专程拜访过孟浩然，那时孟浩然是知名的诗人，孟浩然看小青年李白写的诗不错，很欣赏他，还让李白在襄阳鹿门山住了十天，管吃管住的那种，两人后来成为至交。

孟浩然坐船走了，留下李白一地的忧伤。从诗句的字里行间可以看出，李白对于孟浩然去扬州，自己不能去，简直是嫉妒羡慕恨，还要装作很潇洒的样子，不远千里去送送他，顺便看看浩浩荡荡的长江水。

人家不带你玩，就不能自己去吗？看来那时的客船也是一票难求啊！或者说诗人的经济状况是捉襟见肘的！

但诗人的胸怀坦荡荡，没有因为一次被拒绝而失去热情，相反两人的友谊更加深厚，有诗为证：

赠孟浩然

吾爱孟夫子，风流天下闻。

红颜弃轩冕，白首卧松云。

醉月频中圣，迷花不事君。

高山安可仰，徒此揖清芬。

第三个问题：孟浩然既然是大诗人，在烟花三月去了扬州，为什么没见到他留下描写扬州的诗篇呢？

我寻遍了百度和全唐诗集，也没有发现孟浩然游历扬州时留下了诗作（如果有人发现告诉我）。反而杜牧有篇大作，有诗为证：

寄扬州韩绰判官

青山隐隐水迢迢，秋尽江南草未凋；

二十四桥明月夜，玉人何处教吹箫。

原来，扬州不仅景色优美，而且美女如云，是一个容易迷失自我的地方。

扬州自古就有"淮左名都，竹西佳处"之称，又有着"中国运河第一城"的美誉。妩媚的瘦西湖，典雅的个园，静静的大运河，扬州的美景吸引了历代文人墨客，留下不朽诗篇："腰缠十万贯，骑鹤下扬州。""天下三分明月夜，二分无赖是扬州。""春风十里扬州路，卷上珠帘总不如。"

扬州，是一个值得一醉方休的地方，把握不好，诗意全无。

第四个问题：大诗人孟浩然的命运怎么样啊？

可以说他是史上最失意的诗人了。

历史上的文人，比如唐宋八大家，大都想通过做官来实现自己报国的理想。孟浩然多次科举不仕，但他有一次绝好的机会，没有把握住啊。

那天他去长安找好友王维，恰好，唐玄宗来视察工作，王维让孟浩然赶紧藏起来。不知道是孟浩然自己没藏好，还是故意出来见见皇帝，显摆显摆，结果被唐玄宗发现了。唐玄宗早就听说孟浩然的大名，于是让其吟诗一首。这可是大展才华的好机会啊！这有何难？

孟浩然张嘴就来"不才明主弃，多病故人疏"，孟浩然啊，孟浩然，你的《春晓》多好啊，为什么不吟《春晓》呢？偏去唱这首诗！这不是明显在抱怨自己怀才不遇吗？结果唐玄宗说："卿不求仕，而朕未尝弃卿，奈何诬我！"拂袖而去，相当于从此斩断了孟浩然的仕途。

孟浩然只有落寞而归，回到襄阳老家。

孟浩然当官没当成，好好地在老家做个诗人流芳千古也好啊，估计是郁郁寡欢，积忧成疾，在他50岁时，不幸背上长了一个恶疮。两年后，诗人王昌龄被贬路过襄阳拜访孟浩然，两人相见甚欢，酒逢知己千杯少，不料孟浩然饮酒过多，加上吃海鲜，恶疮复发而死。

看来，酒不是好东西，海鲜也不是好东西！

一代诗人就这样终结在52岁的年华！让王昌龄的肠子都悔青了，负疚一生啊！

第五个问题：我为什么对孟浩然这么感兴趣啊？

我在3月底来到扬州，也是"烟花三月下扬州"，但不是游玩，而是参加北京市盈科（扬州）律师事务所的开业典礼，自然想起了这首诗，自然想到孟浩然，我是孟浩然的粉丝，孟浩然又是襄阳人。

机缘巧合，我有一个案子在襄阳。我3月初刚刚去过襄阳出差，坐动车8个小时，坐得屁股都疼，但没有任何抱怨，因为除了开庭之外，我还可以来一个文化之旅。

第一打算去看看孟浩然诗中的田园山水，第二打算去祭拜一下羊公碑。

羊公碑，是指羊祜的墓碑。羊祜，是魏晋时期著名的战略家、政治家和文学家，博学贤能，清廉正直。关键他的老家是山东新泰，他是我的纯老乡，是我们新泰的名人。去一趟襄阳，能不去拜访一下老乡吗？

那么，孟浩然和羊祜什么关系？因为孟浩然写过一首诗：

与诸子登岘山

人事有代谢，往来成古今。

江山留胜迹，我辈复登临。

水落鱼梁浅，天寒梦泽深。

羊公碑字在，读罢泪沾襟。

古人登山祭拜，睹碑生情，莫不流泪，西晋名将杜预称此碑为"坠泪碑"。

我开完庭，第二天一早按照导航的指示，来到岘山国家森林公园。

还未来到山脚下，我就开始问路边门店的人："羊公碑是不是在这个山上啊？"

什么？他满脸疑惑。

我以为他没听清，于是一字一句说："羊—公—碑"。

他还是摇头，说："没听说过。"

我来到山脚下，找到山林的管理人员，问："您知道羊公碑在哪里吗？"

"什么是羊公碑？"他问。

我说："你知道孟浩然吗？"

他问："哪个单位的？"

我急了，拿出手机，在百度上输入孟浩然的诗，他还是迷惑不解的样子。

这时，来了一个大妈，后面跟了一个老头，了解情况后，他们说孟浩然啊，知道，我们襄阳人，你说的什么碑，听说过，但不知道在哪里。

他们又说，或许在这个大山里面，具体位置不清楚，因为这一片山都叫岘山，不只是这个公园叫岘山。

我看着茫茫大山，云雾漫天，失望之极。

既来之则安之，我就近顺着一条登山的小道，拾级而上。

山路是石板铺成的台阶，没有坎坷，没有荆棘，但坡度较陡，需要一步一步地往上爬，快不得，慢不得，每迈一步，膝盖都要吃力，都是一个做功的过程，不久我便挥汗如雨。

我在想，工作如同登山，须一步一个台阶，稳步前行，才不会跌跟头。

山中不见其他游人，只有松涛阵阵，偶尔一只大鸟停在树梢，对我叫一声，又倏地一下飞走了，更显林中的寂静。

快到山顶时，我已经是大汗淋漓，气喘吁吁，两股战战，头晕目眩，以至于我差点撞到一个人的怀里，也没有发觉。

"出汗了，小伙子！"一个老人站在我台阶上面，居高临下的样子。

我一惊，慌忙回礼，暗笑老人称我小伙子。老人道风仙骨的模样，和蔼可亲。

我们聊起来，自然会聊到岘山，聊到孟浩然，聊到羊公碑，老人滔滔不绝，一点也没有要停的意思，我一直站在他台阶下面，仰着头听着。

他说，羊公碑在另一个山头上，不在这个山头，你找错了地方，但是那里现在封闭着，政府正在修建公园，以后建好了开放了就好了。

也就是说，我即便找对了山头，也见不到羊公碑，刚才的失落感一下子消失了。我们总以为，错过了什么，其实没有，这边可能风景独好。

人生亦如此。我们有时以为自己选错了路，入错了行，进错了公司，于是心猿意马，郁郁寡欢，不思进取，甚至心灰意冷。其实人生的道路千万条，一旦踏上征途，只要坚定信念，脚踏实地，持之以恒，总有成功的那一天。

我告别了老人，继续前行，不久登上了山顶，此时春光明媚，山风习习，我平静了呼吸，整理了思绪，斗胆赋诗一首：

登岘山怀古

羊公碑何在，如今思古人。

问遍襄阳城，遥指满山云。

登临岘山巅，挥洒汉江水。

贤人寻不见，意外又逢春。

律师故事之楼阁情结

    中国四大名楼，岳阳楼、黄鹤楼、滕王阁和蓬莱阁，或因诗人佳句而著称天下，或因神仙传说而闻名遐迩。

    1995年大学毕业那年前夕，我们班的部分同学在烟台蓬莱师范学校实习。蓬莱阁就在学校隔壁，抬头就能看到那个八仙过海各显神通的地方，课下和同学们迫不及待地一起去蓬莱阁，我漫步在城墙上，却不停地向大海里张望，期待能看到百年不遇的海市蜃楼，可是幸运之神终究没有降临。

    蓬莱师范的指导老师迟老师是一个德高望重的老人，他说话向来心直口快，记得有一天他抽查听课，抽了两个同学，一个是我，一个是我们班的一个女同学。不知道什么原因，我那天紧张得不得了，我讲的是"南昌起义"，估计是没有讲好，结果迟老师点评时，没想到他一点面子也没有给我留，把我批得一无是处，一塌糊涂，结论：不具备一个老师的基本素质！而那个女同学被夸成了一朵花，鲜艳夺目的花！

那时，我真想找个地缝钻进去，或者飘然成了仙，离开这个世间，只要消失就好！

自此教师的情结淤积在胸，一直没有打开，毕业后分配进了学校，一直想着迟老师的谆谆教导，时刻不忘提醒自己，不能误人子弟，趁早离去，于是考了法律硕士，转行做了律师。

2011 年在北京执业时，我接了一个 300 余名民办教师告当地政府和教育局的行政诉讼案件，我们从北京坐车先到武汉，然后从武汉去天门。在武昌火车站转车时，趁机去了不远处的黄鹤楼。

那天阴雨霏霏，江上烟波茫茫，我轻声吟着崔颢的《黄鹤楼》：

昔人已乘黄鹤去，此地空余黄鹤楼。

黄鹤一去不复返，白云千载空悠悠。

晴川历历汉阳树，芳草萋萋鹦鹉洲。

日暮乡关何处是，烟波江上使人愁。

不料，这应景的诗句，加上这些民办教师殷切的期望，让我久久无法释怀，更平添了许多愁！

同年，我代理画家学者萧鸿鸣老师的著作权侵权案件，第一次来到南昌。开完庭，萧老师让他女婿开车带我去了滕王阁，说来南昌不去滕王阁，是人生一大憾事。那时的滕王阁还在维修和进行周边改建，所以我对它几乎没有多少印象，也就没有产生什么诗情画意，只留下登楼时的气喘吁吁和大汗淋漓。

尽管开庭前，我们满怀信心，尽管开庭时，我们理直气壮，结果还是输了官司，至今我们还是耿耿于怀！（该故事记在我的《平凡之路》一书中。）

2018 年 3 月 5 日，我来到湖北省高级人民法院，代理一个建设工程的案子，本来说好的调解，不料成了艰苦的拉锯战和无休止的纠缠，好在最终调解成功。不过法院要求第二天 9 点还要去办一个手续，难道我的黄鹤楼之旅泡汤了？原计划第二天上午去黄鹤楼呢，下午去南昌的。

第二天一早，不到 7 点我就赶到黄鹤楼，不料景区还未开门，我只好在周边转了转，跑到武汉长江大桥，从远处观望黄鹤楼，竟然别有一番精致和情趣。远处是黄鹤楼，它掩映在树丛中，隐现在高坡上，矗立在长江边，坐落在大桥旁，全然有一种"众里寻他千百度，蓦然回首，那人却在灯火阑珊处"的诗情画意，正应了那句"只可远观，不可亵玩"的古训，还有一种"不识庐山真面目，只缘身在此山中"的意想不到的收获。

下午改签了火车票，可能是最后一张商务座，来到南昌依然是阴雨霏霏。

第二天上午在江西省高级人民法院开庭，不到一个小时就结束了，一切按计划进行，下一个目标：滕王阁。

出了地铁，再次见到滕王阁，它完全改变了我七年前的印象。

远观，楼阁古朴秀丽，亭亭玉立；俯瞰，赣江恬静，安详，船舶停靠在静静的港湾，不知何时才能起航。虽然是初春，虽然是正午，依然不影响我对那个天才少年写出的"落霞与孤鹜齐飞，秋水共长天一色"诗句的共鸣。

中国四大名楼，目前唯有岳阳楼我还没有去过，也好，留一个遗憾吧！或许这个遗憾就是一个动力。

在路上，往往我们感受到更多的是劳累和寂寞，是疲于奔命，但如何才能让旅途丰富多彩？如何才能使生活更有激情更加潇洒？苦中作乐，在工作之余寻找诗和远方，寻找那美丽的景色，是保持旺盛战斗力的良方。

不要忘记刚刚离世的那位伟大的物理学家斯蒂芬·霍金的话："记住要仰望星空，不要低头看脚下。无论生活如何艰难，请保持一颗好奇心。你总会找到自己的路和属于你的成功。"

律师故事之上错车

下午，从法院出来，我还一直沉浸在法庭辩论的角色里不能自拔。

但火车时间很紧，好在福州的出租车还是比较多的，打上车后直奔福州南站而去，路上也不堵，路边的青青草色和金黄的油菜花，都成了匆匆过客。

一分钟的间歇都没有，一边忙着回复微信，一边从口袋里掏车票和身份证，过了安检就开始排队，随着人流就进了站，D2288 是在第 4 站台停靠，我下了楼梯就看见左边一辆火车停在那里，看见大家都急着上车，我也急着找车厢。我的座位是 7 车5F，靠窗，一等座，我打算这 6 个多小时的路程写一篇文稿。

还没等我找到车厢，就听到催促上车的哨声响起，我赶紧提前进到车里，然后穿过几个车厢来到 7 车，来到 5F。还好，座位上没人（经常有人不守规则占座），但有一个包挂在前面，我问邻座的小姑娘："谁的包？谁落下的包？"小姑娘睡得特香，没有理我，我就小心翼翼地挤过去，坐下，感觉有点热，就开始脱外套，因空间太小，加上怕惊扰了小姑娘的好梦，不好施展动作，所以外套迟迟没有脱下来。等我刚脱下一只袖子时，一个男人过来，瞪着大眼问我："你为什么坐这儿？"我说："这是我的座位啊！"他说："不对吧！"然后就开始掏车票，我先晃了晃手里的车票给他看，说："我是 7 车 5F，你好好看看你的票是这个座位吗？"他掏了半天才找到，我一看，他的车票也是 7 车 5F。我立刻问身边的小姑娘（已经被我们吵醒了）："这辆车的车次是？"

"D378。"她漫不经心地说。

"对不起，我上错车了！"我赶忙起身，把那只刚脱下来的袖子又穿上。

我为什么能够第一时间反应过来并问他们车次呢？因为我经常听到这样的笑话，没想到今天竟然发生在我身上！

幸好这辆车也是到上海的，但我没有座位了，要在这辆车上站 6 个小时才能到上海！因为车厢过道上站满了人，哪里有空间呢？

我赶忙去问列车员，我上错车了，怎么办？

她说，下站罗源下吧，到对面换乘。

还好，还有补救措施！到了罗源站，我下了车，等了 12 分钟，我的 D2288 终于来了。

我找到 7 车 5F，竟然有一个人坐在那里，难道我又上错车了？

没等我拿出车票和他理论，他乖乖地让了座，离开了。

我坐好了，就开始反思：

（1）人啊，一心不可二用，要专心做好一件事情再去做别的事情。尤其是，乘车前，不要沉浸在法庭辩论中，不要低头看手机发微信。

（2）多个小因素促成一个大错误，这次错误对我其实就是一个警告。假设 D378 没停在那里，而 D2288 也到了，我会慎重选择的，就不容易出错；假设我多看一眼电子屏幕，就不会盲目地钻进左边的车厢，而应该去找右边的火车；假设那个小姑娘不睡觉，假设那个男人一直在座位上，我完全可以及时纠错，及时下车。

（3）多个因素促成了我换车成功，是不幸中的万幸。试想：如果我上错的车是相反的方向呢？如果两辆车有一辆不在罗源站停靠呢？如果 D2288 后来居上超过 D378 呢？我当天可能就要站上 6 个小时，或者根本回不了上海，第二天的计划也就泡汤了。

人生没有假设，也没有设想，只有为自己的失误付出应有的代价，以及应该好好珍惜用代价买回来的经验和教训，及时总结经验，吸取教训，才能避免犯错。时间不会倒流，生命也不会重来，一旦走错了方向，可能一生都是失败的。

我回到家已经是晚上 11 点 30 分了，快到家门口，我遇到几个交警查车，我放下车窗，交警说查酒驾，拿着一个检测器要递过来，我说："警察同志，我都一天没吃饭了……"他挥了挥手说，走吧！

律师故事之高铁上的法律援助

我坐在从上海虹桥去江西宜春的高铁上。

身后一个女士在不停地打电话，声音很高，因为高铁不断地进隧道，她的电话就不断地被中止。

但我还是通过她断断续续的通话，猜测到一些事情：她要去南昌，见一个朋友，可能是去要钱，但是这个朋友像是在躲猫猫，她从上海跑了几次南昌了，这个朋友都以种种借口爽约，这次终于决定要见她了，正在南昌车站等她。

突然我的手机响了，是客户，我们谈一个案子，从金华一直谈到上饶，我们的电话也是经常被打断。我刚挂了电话，身后的女士惊喜地探过头来，问："你是律师吗？"

我点点头。

"那我刚好有法律问题，需要咨询你。"她不容拒绝地说。

"说吧！"虽然非常不情愿，毕竟在高铁上接受法律咨询还是头一次，而且是免费的，但是我也想知道她这一路上纠结的事情到底是怎么回事。

据她介绍，她这个朋友是一个公司的老板，她几年前投资这家公司 20 万元，这个老板通过代持的方式为她持股，现在她不想做了，想出来，老板开始不同意，后来同意了，她要抓住这次难得的机会把钱拿到。

我问："你打算怎么做？"

她说："朋友让我带着代持协议过去，把原件交给他，就算解除合同了。"

"他当场就给你钱吗？"我问。

"不会吧，回头打我账户里啊！"她说，"有问题吗？"

我给她耐心解释："问题大着呢！第一，协议原件交给他，不代表协议解除。"

她插嘴："那就当场撕掉协议啊！"

我苦笑着说："这也不叫解除。"

"怎么办？"

"签一个解除协议，或者直接在协议上，写明'本协议自愿解除'，然后双方签字，写时间。"

"好了，我知道了。"

"还没完呢，第二，你的钱不要了么？"

"要啊！"

"那再写一句话，投资款转为借款，利息多少多少，从什么时间计算，应在什么时间归还。"

"他要不给我呢？"

"你就起诉他啊！"

这时，列车广播响了："女士们先生们，欢迎乘坐南昌铁路局和谐号高速动车组列车！列车前方到站是南昌站，由于列车停车时间较短，请没有到站的旅客不要离开车厢。"

女士该下车了！她开始收拾行李。

我一直在等待着什么？列车停下了，又启动了，什么也没有！

我有些失落！

执业十几年以来，我免费帮助过很多人，有时是一纸诉状，有时是一个观点，有时是一条理由，有时就是一句话，对于我而言，可能就是举手之劳，指点一下，能够帮助需要帮助的人，何乐而不为呢？对于别人来说，可能就是救命的事情，天大的事情，一辈子的事情。

为的是什么？可能是一个期待的眼神，一汪无助的泪水，一句感谢的话语，一个深深的鞠躬，都是对律师职业的一种尊重。

律师专业服务的对价，不仅仅是律师费，还有一种东西，叫作尊严。

后来，不知道是这个路人看到我的文章，还是遇到困难了依然想起了我，有一天她竟然到律师大厦拜访我，谈了一个上午。我开始以为她很有诚意，不料，突然接到一个电话，就消失了，再也不联系。

看来，不靠谱的人永远是不靠谱的！律师受骗多了，也就麻木了！

聊斋外传（外一篇）

清末，山东新泰丘陵地带的一个村庄里，生活着一对母子。父亲去世早，儿子从小被母亲娇生惯养的，不学无术，经常打骂母亲，母亲经常在夜里偷偷地哭泣。

儿子叫戴小田，长到二十几岁了，也没人来提亲，家里就守着一亩地，种了吃，吃了种，没有多少剩余，眼看就要打光棍了。

有一天，戴小田在地里除草，正午时，他到地头的树荫下准备吃饭，他发现他的干粮口袋里好像少了什么。一连几天，都是这样。明明带了足够的干粮，放在地头，周围也没有人来，为什么就少了呢？

这一天，他把口袋放在地头，然后佯装去田里干活，不一会儿他悄悄地回到地头，躲到树后观察。开始也没发现什么东西过来，正当他失望时，他发现他袋子里有东西在动，一起一伏的，明显是有动物在里面吃他的干粮。

他蹑手蹑脚地走到口袋旁，一把攥住了口袋的口子，拎起来，还挺重的。

不料，只听口袋里的东西在说话："好汉饶命，我是一只狐狸，放了我吧！"

"放了你，我的干粮怎么办呢？"戴小田生气地回答。

"我会报答你的！"狐狸说。

"怎么报答？"他问。

"我有两种礼物，你只能选择一样。一是一箱书籍，能助你博古通今，大长学问，考取功名；二是十车金子，能帮你实现荣华富贵。"狐狸说。

戴小田不假思索地说："当然是金子了！"

"但是……"狐狸好像有难处。

"但是什么？是不是你想反悔啊？"戴小田问。

"选择金子，有一个后果你要承担。"狐狸说。

"什么后果？"戴小田急问。

"你家族不会兴旺。"狐狸说。

戴小田哈哈大笑，说："我有了十车金子，怎愁家族不兴旺？"

狐狸说："生死由命，富贵在天，这是你自己的选择，可不要后悔啊！"

“不后悔！”戴小田说。

“那好，七天后的子时，你在家里准备好一个空闲的屋子，打开大门，等着，有人会给你送去。”狐狸说，“在金子进入你大门前，你还可以反悔。”

戴小田就放了他。

他回到家，和母亲讲了。母亲劝他，不要金子，还是要书，俗话说得好：“书中自有黄金屋，书中自有颜如玉。”

戴小田大怒，骂他母亲，不知好歹，妇人之见，眼光短浅，一阵拳打脚踢。母亲忍着剧痛，不再作声。

到了第七天，夜幕降临的时候，戴小田就早早等在门口了。

焦灼的等待中，戴小田就想：这个老狐狸会不会是骗他的？哪有这等好事啊？

正当他昏昏欲睡迷迷糊糊中，就听到车子吱呀吱呀的叫声，足有十辆车子，村里有人听到了就出来看，过路的人也听到了，但是看不见人，也看不见车子。

戴小田忙活了一整个晚上，才把金子放好，门上了锁，人已经激动得不行了，高兴地在院子里打滚。

后来这些钱怎么花的？人们就不知道了，只知道，戴小田发财后，娶了一个媳妇，一年不生育，再娶一个，还是不生育，那就再娶，反正自己有钱，一直娶了 18 个，结果一个孩子也没生出来。

母亲被赶到一个破旧的屋子里一个人生活，戴小田也不管不问。

他老婆多，家事多，老婆背后都有七大姑八大姨，拉帮结伙，为了争风吃醋，争权夺利，常常是打翻了天，后来家产就所剩无几了，老婆们也全都离他而去了。

最后，戴小田一无所有，又回到地里干活。

他就像做了一场梦。

这天中午，他坐在地头休息时，看见树上一个老鸹窝。母鸟正在叼着食物喂孩子，孩子叽叽喳喳地叫着争抢，一会儿就吃完了，母鸟又去找食物，再回来喂孩子，几次三番地折腾，这只老鸹也不厌其烦，不辞辛劳。

戴小田看着看着，眼角淌下了泪水，想起母亲一个人从小把自己养大，真不容易，为什么自己还这样对待母亲呢？自己还是人吗？

正想着，远远地过来一个人，朝他走来，他一看正是他年迈的母亲，母亲手里提着东西，走路很吃力的样子，是来给他送饭呢。

他突然产生一种冲动，起身朝着母亲跑过去，想给母亲一个拥抱，他欠母亲太多的爱！

母亲看见他儿子朝她奔过来，先是一愣，继而扔掉手里的东西，对着一块大石头，使劲地撞过去。她顿时头破血流，不省人事！

戴小田抱着母亲，大哭着喊："母亲，为什么这样？我错了，我以前不该这样对您，原谅我还不行吗？"母亲努力地挣扎醒来，微笑着说："我以为你又要打我呢。"说完就耷拉了脑袋，咽了气。

戴小田大哭着捡起母亲扔掉的包裹，原来是母亲给他包的水饺，还热乎着呢！

张律师说法：我在大城市代理了很多案子，有的兄弟姐妹甚至是父子之间，为了争夺拆迁款，大打出手，打到法院。在法院也不顾亲情关系，各不相让，人性的丑陋暴露无遗。试问：亲情能用金钱衡量吗？能用金钱购买吗？

我曾经在看守所会见一个犯罪嫌疑人，罪名是组织、领导传销活动罪。他哭着对我说，他家里很穷，一个人出来混，总想混出一个人样儿来。他在上海注册了一家公司，自己设计了这一套营销模式，他认为根本不是传销。这几年挣了不少钱，也没有给家里一分，这次人进来了，账户被封，都是姐姐和哥哥替他出钱找律师的，他真的很惭愧啊！捶胸顿足地哭噄起来。

我临走时，他说的一句话给我感触很大："财富应该是通过自己的辛苦劳动得来的，绝对没有捷径！"

葫芦山的传说

在山东临沂、泰安和济宁三个地区的交界处，有一座小山，叫葫芦山。

为什么得名葫芦山？因为山的外形像葫芦，而且据说山的内部是空的，从山脚下的小河流水声，就能听出"咚咚"的声音，就是一个明证。

这里还有一个传说。

相传，这个葫芦山有一个洞口，据说有一个山神看守。洞里储存着泰山奶奶碧霞元君的金银财宝，因为不远处的泰山的香火很旺，山下每年进贡的人很多，泰山放不下了，就在这里创建了一个小金库。

山下的村子叫道泉村。村子里的老人说，他们小时候常听老人讲，他们收到神仙托梦给他们，说：只有一个条件够了，才能打开这个山洞，那就是这个村子里，谁家能生出 13 个儿子，他家就可以进入这个山洞，金银财宝随便挑。多少年了，没有哪一家人具备这一条件，所以都是望尘莫及。

据说当年土匪就是不信邪，于是用炸药去炸，试图打开，结果连人都埋进去了。以后没有人敢打它的主意了。

话说这一年，村里有一户人家，一连生了 12 个儿子后，后面连续几个都是女儿。如同现在买彩票的人在兑奖时，前面 12 个数字都对上了，就差最后一个就可以拿到大奖了，这个数却迟迟出不来。

这下可急死这个老汉了，生孩子这种事，哪能说生就生，哪能说生儿子，就生儿子，老婆已经 50 多岁了，连闺女恐怕也生不出来了，累死也不行了。

怎么办？

在一个伸手不见五指的夜晚，从道泉村的村子里闪出 14 个鬼鬼祟祟的身影，有人手里拿着铁锹，有人手里拎着袋子，有人扛着棍子，有人拿着绳子，向着葫芦山出发了。

大约在子时已过，他们已经站在山洞门口了。

老汉站在前面，13 人分列后面，一起向山门磕头，老汉嘴里念念有词："道泉村刘老汉，带领 13 子，来求大神开门，进洞发财！"

他连说三遍，不见动静，正当他们抬头纳闷时，突然听见山崩地裂般的声音，一道石门缓缓移动，开出一道缝来。

他们急忙一个个闪进。

看门的大神，揉着惺忪的眼神，数着老汉后面的人数：1、2、3、4、5、6、7、8、9、10、11、12……确实是 13 人！

老汉和儿子们兴奋地冲进去，看到的满眼都是珠宝，整个洞里闪闪发光，如同白昼，让人眼花缭乱。

动手吧！他们疯狂地装起金银珠宝来，一直到把袋子装满，还嫌不够，每人的口袋里也塞了金子。

他们有的扛着，有的抬着，有的抱着，歪歪斜斜地朝外走。

有一个人在后面还在装，口袋满了，还往里塞，装不下，金子掉出来，他赶紧捡起来，抱着。

老汉大声催他："二女婿，快走了！"

话音刚落，只听见山崩地裂的声音，山门突然关上，任凭他们怎么呼喊，怎么用力，也是打不开了。

第二天，村民发现老汉家那么一大家子男人，都不见了。一个老太太在家一直等着，直到死，他们也没有回来。

消失的还有他们家的二女儿女婿。

张律师说法：我代理的案子中，有的人贪心不足，为了赚钱不择手段，结果非法经营，或者造假，贪心不足蛇可吞象，越陷越深，最终被送进监狱。结果和这个老汉有什么区别？当一个人把贪心和欺骗结合起来，他离末路就不远了。

为了心中的风景，
我们一直在路上

——新疆游记

今年律师事务所组织高级合伙人团建，有人提议去新疆，我积极响应。在我最初的概念里，新疆和西藏一样，是一个遥远的地方，不仅体现在距离上，还体现在心理上，陌生而神秘。后来我因为办案得以去过西藏多次，打消了许多疑虑，没去过新疆就成了我多年来唯一的遗憾，这不弥补这一遗憾的机会来了。

我们一行三十几人经过四个多小时的飞行终于在地窝堡机场落地，乌鲁木齐分所的同事接待了我们，恰巧遇到银川分所的高级合伙人，于是我们三家分所，在雪山之下，草原之上，欢聚一堂，其乐融融。

第二天，我们乘大巴车一路向北，开始了漫长的旅行。我们车上有老人和孩子，除了导游外，还有乌鲁木齐分所建武主任和骏武律师的全程陪同和服务，减少了初来新疆的忐忑，增添了更多乐趣。

有人说，不来新疆，不知道中国有多大。据导游讲，新疆相当于 260 个上海大。我就想，在上海堵车的时候，一个小时也就跑 10 公里远，在新疆，一个小时能驰骋 80 多公里，还看不见人烟。

我们一路向北，虽然大部分时间几乎都是在大巴车上，但沿途多样的地貌和多变的风景，让人全无睡意。

一会儿是大片的棉花地，一会儿是荒凉的戈壁滩，一会儿是绿色的草原，一会儿是铁黑的小山，一会儿是明净的小河。大地的七彩颜色，轮番上阵，争奇斗艳，让人应接不暇，一惊一乍。

过午时分，我们到达一个景区：魔鬼城。景是好景，符合我心中对于神秘戈壁滩的种种幻想，被风沙雕琢了几千年的各种造型，让人仿佛进入神话世界。但因为游览几乎都是在车子上，并且沿着固定的路线，没有多少机会和时间去体验和欣赏，所以一圈儿下来，只留下几张照片，没有过多停留。

"停留是刹那，转身是天涯。"走吧，继续向北，好景还在前方。

7 月中旬的新疆，阳光非常的强烈，游人需要打伞，或者是戴帽，否则不一会儿就满脸冒油，浑身大汗，皮肤有灼伤感。于是我们对于路边茂盛的红柳和索索草，产生由衷的敬佩，不由感叹生命力的顽强。不过人一旦躲到树荫处，顿时感觉凉爽，与阳光仅有一步之遥，却是冰火两重天。在这里，这种冷与热，阴和阳之间的平衡得到淋漓尽致的体现。比如炎热的沙地上生产的西瓜，在阳光的充分曝晒下，非常甘甜。但是可要注意，西瓜却是寒性的，肠胃不好的人吃多了就会腹泻。再比如，正当骄阳似火时，突然下起瓢泼大雨，你打算下车淋雨时，停了，又是骄阳似火。

我们又走了半天，晚上十点多在布尔津住下，天色还是大亮。第二天，继续北上。

车子进入阿勒泰地区，景色变得越来越美。

大巴车费力地在盘旋公路上逐渐攀登高峰，车窗外面是万丈深渊。不过这个深渊，并不让人恐惧，其实就是芳草青青，鲜花满地，小河弯弯的山谷。成群的牛羊和马儿在悠闲地吃草，旁边有几顶毡房，偶尔会看见有牧民出来。

我在想，在大城市里永久搁置起来的词语：幕天席地，水草丰美，牛羊成群，悠闲自在，这个时候可以不用吝啬地拿出来了，尽情地挥洒在这里，这该是神仙生活的地方。

正想象着，司机师傅突然急刹车，我急忙抬头看，原来是几匹马儿低头吃草，吃着吃着径直走到马路上来，全然没有把过往的车辆放在眼里。司机师傅使劲按喇叭，马儿这时才抬头看看，慢慢走开，还回头看一眼，仿佛在说：这是我的地盘，我做主，你爱咋咋地！

车子走了四个小时，我们的目的地终于到了，喀纳斯，一个传说有水怪的圣湖。

我们乘船来到喀纳斯湖面，看到游船掀起的白色的浪花，看到像翡翠一样碧绿的湖水，让我突然想起贝加尔湖。

我们去年团建去的是贝加尔湖。贝加尔湖比喀纳斯大多了，更像是海，湖水同样是清澈的，碧绿的。二者的相同之处，可能是源于同样的一个说法：它们的底部都与北冰洋相连。但贝加尔湖，只是湖美，周围却是荒凉的，没有多少生机。喀纳斯，掩映在青山绿树之间，湖边芳草萋萋，鲜花盛开，还有能歌善舞的图瓦人的悠扬的琴声，游客们的欢声笑语，到处洋溢着生机勃勃。

如此美景，怎会缺少诗意？于是即兴一首：

圣湖青山围，传说山有神。

不见湖中怪，但见天堂水。

水面掀波浪，人生有浮沉。

吃得苦中苦，方见真善美。

晚上，我们住进禾木景区，一个原生态的好像与世隔绝的山谷。

从景区门口乘坐观光大巴到景区中心的路上，走了差不多一个小时，这一个小时里，我们几乎沉醉在周围的风景里了。让我以为进入《神雕侠侣》里的绝情谷，《桃花源记》里的世外桃源，这里完全可以与旅游杂志上的瑞士风光媲美，甚至堪比梭罗笔下的瓦尔登湖。

晚上，我们在禾木景区的一处小木屋住下。这里像是一个小村庄，游客住宿的接纳力并不大，或许就我们一个旅行团。推开窗子，外面什么动静也没有，没有车水马龙，没有人声鼎沸，没有鞭炮声响，也没有炫富的跑车声。只有大自然的声音：山风徐徐吹来，花草的芬芳暗送秋波，小虫在低吟。

第二天一早，我独自跑到西山坡的草原上，一个人也没有，我看着远处的层峦叠嶂，"天似穹庐，笼盖四野"，草地上间或几束野花，开得鲜艳，长得可爱，一种莫名的感动涌上心头。

我躺在草地上，让野花埋没了我，我觉得这是人与自然最好的对话方式。我看着天上的白云，在蓝天上变着戏法地上演着皮影戏，有牛，有羊，有马，怪不得四周看不见它们，原来晚上草原上的动物偷偷上了天；有山，有海，有高楼，上演着海市蜃楼的奇观。不过，这一切都是悄悄进行的，好像刻意不让人看出它的努力似的。闭一会眼，再睁开，一切烟消云散，全没了。

这瞬息万变的天幕，好像在告诉我一个道理：财富、名利都是虚的，当你黄土埋身的时候，都会离你而去。

在切身体会"高枕丘中，逃名世外"的感受之后，我爬起身来，看看四周还是没人，于是扯开嗓子唱起歌，有点失控似的歇斯底里，仿佛刻意让熟睡中的同伴们听见，就算是一种比较体面的温和的闹钟，告诉他们：该起床了！

美好的时光总是短暂的，四天的旅程该结束了，又要回到忙碌的工作中去，不过新疆的旅行却是值得回忆的、难忘的。

《小窗幽记》中说："田园有真乐，不潇洒终为忙人。"我理解，人再忙，也要停一停，学会到田园中寻找乐趣。尤其是从事高压力工作的人，比如律师，爱工作，更要爱生活，劳逸结合，一张一弛，才有动力，才有活力，才有生命力。

又说："山水有真赏，不领会终为漫游。"我理解，去一个地方，要领会其中要义，欣赏个中风情，否则只能是走马观花，一无所获，徒增劳累。

要想看到绝世的风景，必须经过跋山涉水，忍受风吹日晒，历经长途颠簸。我们一直在路上，因为心中有期待。

为什么你微笑的面颊上 还挂着泪花

年初律所组织新律师入职培训，我代表建设工程法律事务部出席，为了吸引新律师加入我们部门，我讲道："做建设工程案件的律师需要经常到外地出差，因为工程在哪，就要去哪打官司。这样，你可以在办理律师业务的同时，还有机会体验到诗和远方。"

随后有一位新律师回应我的话："我们去工地核查时，看到的都是水泥、钢筋和混凝土，以及地槽和土堆，哪有什么诗和远方啊？"

会后，我给她发微信："当你把工地的泥土当作风景，把出差当作旅游时，你的律师职业就会上升一个很大的台阶。"

我说的是一种心态。无论你从事什么样的职业，无论这个职业你感觉多么枯燥和无趣，或者多么有压力，你还想坚持时，不妨换一种角度来看，可能会豁然开朗，焕然一新。

一

在北京最初执业的几年里，我们的日子过得非常清苦。有一年春节前夕，我没有买到回家过年的车票，恰好有个朋友的同事开车回徐州，路过泰安，我们就搭了他的车回去。

我们一家 3 口在腊月二十九晚上的 11 点钟，被放在了黑漆漆的京福和京沪高速公路上的交叉路口。我们在高速路上等着老家的朋友吕霞开车来接我们。

可是吕霞走错了地方，她在我们前方的一个收费站上了高速，这时她手机快没电了，我们的手机也快没电了。于是我们作出现在看来比较愚蠢的决定：她在前面高速路边等着，我们步行去找她。我一手拉着一个大箱子，太太领着 9 岁的儿子，我们就在高速路的应急车道上大踏步走起来。

那个冬天确实冷，后来知道当时室外温度有零下 17℃左右，是那一年最冷的一天。刺骨的寒风那个凛冽啊，我一开始没当回事儿，越走我越害怕了，我们低估了这一段路程。

我怕儿子受不了寒冷，我怕飞驰的车子撞过来，我怕前面找不到吕霞。太太急了，去路边向飞驰的汽车招手，想让人捎一程路，没有人理会！只有一道道闪光和一阵阵寒风掠过，刀子一样割在脸上。

还好，天上星星点点，虽不能照亮前行的路，但是成了儿子的伙伴，儿子边走边数星星。

我问儿子："冷吗？"

他居然说不冷。儿子为了证明自己不冷，竟然唱起了歌。

歌声划破寂静的寒夜，带给我们些许温暖，于是我们一起唱起来。我们就这样边走边唱，大概五公里路程我们走了一个小时，终于看见吕霞打着双闪的车子。

儿子飞奔过去，大喊着："吕霞阿姨——吕霞阿姨——"

吕霞开门，赶紧抱住儿子，连声说："我的孩子，可冻坏了，不哭了，不哭了！"当我们进到温暖的车里，吕霞才看清，原来儿子的大喊不是哭，而是笑，是一种惊喜。

我们也在笑。

二

有很多读者看了我的《平凡之路》后，问过我最多的问题就是关于勇气的话题，比如：你工作 8 年后决定考法律硕士的勇气是从哪里来的？你 35 岁改行做律师的勇气是从哪里来的？你突然从北京来到上海的勇气是从哪里来的？

当我回首往事，竭力想寻求一些答案时，却是迷茫的。我的父母兄弟姐妹都是农民，没有人给我指引前进的方向，可以说我们是摸着石头过河，跟着感觉走过来的。不像现在的大多数孩子，考大学，选专业，找工作，几乎都是父母规划好了的，沿着既定路线走就行了。

所以一路走来，就不会是一帆风顺的，也走过很多弯路，吃过很多苦头。迷茫、彷徨、失落是常客，惊喜、收获、成功是过客。如同朴树唱的《平凡之路》："我曾经跨过山和大海，也穿过人山人海，我曾经拥有着的一切，转眼都飘散如烟，我曾经失落失望失掉所有方向，直到看见平凡才是唯一的答案。"因为喜欢这首歌，我的书才会与之同名。

当别人对你评头论足，甚至贬低你的辩护意见的时候，不要恼羞成怒，针锋相对，是不是可以选择"有则改之无则加勉"，微笑面对？当你满怀热情去投标，却被恶意竞争者低价中标时，不要心灰意冷，自暴自弃，是不是可以选择冷静反思，微笑面对？当你的车子在等红灯，被后面的车子追尾时，不要大声怒骂，大打出手，是不是可以选择报警处理，微笑面对？当你经常下班不回家，老是在外应酬，家人提出抗议时，不要过多解释，极力狡辩，是不是可以选择真诚致歉，微笑面对？

三

我读《聊斋》，最喜欢"婴宁"一篇，尤其是婴宁的笑声，"笑处嫣然，狂而不损其媚"，这笑容只应天上有，人间难得几回闻？看《聊斋》电视剧这一集，她的笑声几乎贯穿了整个剧情，让人荡气回肠。不了解的人甚至认为她就是神经病，因为只有傻子才会笑个不停。

在那个男尊女卑，妇女完全没有地位的年代，她为什么如此爱笑？我认为，这首先是一种工作态度。

婴宁是来替母亲报恩的，为了出色地完成任务，她才会用笑声，治愈傻子王子服，伺候王的母亲，给人们带来欢乐。现如今，我们提倡微笑服务，但谁能笑得比她好？

其次，婴宁的笑是一种积极乐观的生活态度。一个弱女子在笑对惨淡的人世。相传明世祖出一上联"色难"，解缙对"容易"，堪称绝对。如果要我们天天伺候父母，容易（其实现在也不容易），但是如果天天笑容满面、和颜悦色地伺候父母就难了。可见婴宁的不易。

或许有人说，婴宁的笑是天生的，生理性的，她忍不住的。可当她被王母训导后，发誓不再笑，她不仅此后真的不再笑，故事的结尾她竟然哭了。

奈保尔在《米格尔街》中说："当一个人开始拿他从事的事业逗乐时，你很难知道他是在笑还是在哭。"其实婴宁的内心一直是在流泪。

四

我们周围很多人何尝不是这样的？

我有一次出差时，和一位律师朋友聊起来，他是一家律所的执行主任，一个40多岁的成功男人。说他成功，是因为他头上有很多荣誉的光环，而且确实取得很多成绩，在行业圈里也算知名人士，在别人眼里，他就是成功的。

我们聊到他的成就时，他突然动情地说："你知道吗？我好几次都想辞职不干了，现在也是。

"你看我经常飞来飞去是吧？我愿意吗？晚上和周末经常不在家，没有时间在家泡一壶茶，慢慢来品尝，没有时间陪老婆孩子出去玩，家人有时候也不理解，出差回到家孩子不理我，不和我亲，我心里什么滋味？内疚时常侵蚀我的灵魂。

"可是没办法啊，男人不能没有事业。在单位，我是领导，可是你知道，律师都是非常有个性的人，甚至都比你还牛，不能命令式地管理，而是用服务的理念，去耐心沟通。每个人都有自己的想法，在荣誉和利益面前，有时候的争夺是惨烈的，所以你就得去协调、平衡、抗争和妥协。常常开会到深夜，我回到宿舍，看着空空的餐桌，一个人掉泪。

"为此我常常失眠，睡不着觉的滋味你不知道有多难受！有一阵子我觉得自己得了抑郁症，难以控制自己，就想给自己放一个假，一个人去一趟草原，扔掉手机，忘掉一切……

"但在别人面前，我还是会面带微笑，迎难而上。"

作为一名律师，我非常理解他，他不是在为自己活着，而是为别人，这其实是一种奉献。表面看似强大，其实内心非常脆弱，脸上带着微笑，其实内心强忍着泪水，这是每个创业者正在经历的挣扎，也是每个成功者必然经历的磨炼。

古今成大事者概莫能外。

五

有一次我在镇江开完庭顺便去了一趟金山寺，当我走下大雄宝殿时，看见一群游人伸着脖子，在听一个老人大声朗读着什么，游人走了，老人还在。老人显然是好事者，免费导游。我凑过去看，原来墙壁上刻着苏东坡的文章："与可，文翁之后也。蜀人犹以石室名其家，而与可自谓笑笑先生。盖可谓与道皆逝，不留于物者也。顾尝好画竹，客有赞之者曰：先生闲居，独笑不已。问安所笑，笑我非尔。物之相物，我尔一也。先生又笑，笑所笑者。笑笑之余，以竹发妙。竹亦得风，夭然而笑。"文是苏轼文，书是苏轼书，书法相当潇洒，尤其是文中 11 个笑字，写法皆不相同，独具一格。

老人意犹未尽地问我："想听吗？"我说："洗耳恭听。"他先给我讲解一番写作背景及文中大意，然后用抑扬顿挫的腔调，摇头晃脑，饱含深情地朗读起来，他每读到 "笑"的时候，都会用刻意的语调在深情演绎，最后一个笑字，声调拉得很长，结束时，老人已经气喘吁吁，但红光满面，怡然自得。

我最崇拜的古代文人，就是苏东坡。其实他的一生非常惨。

他青年时，疼爱他的姐姐离世，不久母亲去世，后来相亲相爱的妻子去世，一年后他的导师、精神支柱父亲去世，为此他患上了严重的抑郁症。中年因政见缘故，屡次被贬，先到杭州，再到密州，后到黄州，然后是儋州。生活几度陷入窘迫，身体几度险被摧垮，他都扛过来了。

最值得思考的是，遭受如此坎坷经历的人，苏东坡如何成为一代文学家、书法家、画家、诗人、美食家、慈善家？

在林中突遇下雨，游人奔走，他写道："竹杖芒鞋轻胜马，谁怕？一蓑烟雨任平生。"他是用淡然的心态面对不平等的命运。被贬在海南，没吃的，苏东坡发现了一种美食，他高兴地写信给儿子说，这生蚝十分鲜美，不要让朝中的大臣知道，否则他们会过来抢。他是用乐观的心理应对艰苦的人生。

他用笑字写文章和诗词，其实也是"用一生把世人的苟且活成潇洒"，笑对人生。

笑对人生，是一张名片，能彰显你的修养；笑对人生，是一种良药，能治愈你的创伤；笑对人生，是一种智慧，如春风化雨，让你的人生逐渐靠近你的梦想。

中秋节随想：
幸福是团聚还是别离

在中国的传统节日里，中秋节是一个团圆的日子，所以才有"每逢佳节倍思亲"的诗句，只有游子才会发出这种感慨。

团圆，固然是一种欢乐，别离未尝不是一种幸福。

一

很小的时候，在我们农村，父母只能在生产队里干活儿，大家一起出发，一起回家，辛辛苦苦到头来分得一点口粮，勉强度日。记得快过节了，家里没有什么可吃的，母亲就带我来到村头，围着一个池塘转圈，池塘里长满了荷叶和荷花，生产队里正在扒藕。这时一个满脸泥巴的人，从水里露出头来，向岸边我们的脚下扔过来一大截莲藕，母亲赶紧捡起来，带我匆匆回了家，莲藕就成了我们全家人节日的菜肴。

我问母亲："那泥人是谁啊？"

"别告诉外人，是你舅！"母亲小声说。

有一次，我和二姐路过一片果园，里面有一个人扔出了几个苹果，我们赶紧捡了离开，回头看原来是舅老爷在看生产队的果园。

那时，有人要饭，有人挨饿，我们能吃到莲藕和几个苹果，就是一种幸福。

二

长大点了，家里分了自留地。土地是维系一家人生活的唯一财富，村里人只能是面朝黄土背朝天地干活儿，从未想着出门挣钱。过节了，卖点粮食，好像没有别的什么收入。我记得，我们那里的女人们都会一种手艺，叫"掐辫子"。所谓"辫子"，就是把连接麦穗的那一节长长的麦秆，裁下来，用水浸了，然后一根一根地穿插编织起来的，形状像大姑娘的辫子一样的东西。有人上门来收，他们买了去编织草帽或者其他工艺品。这是那时我们那村唯一的赚取零花钱的方式，所以，大家有事没事都挎着"辫子"，聚在一起，在树荫下，在大门口，边聊天边掐"辫子"，很多故事，我就是从那里听到的。

那时候家里人口多，兄弟姐妹都在一起，大家一起过苦日子。过节了，有好吃的就行，不用太多，一块糖，一个苹果，就容易满足，大家其乐融融，就是幸福。

幸福，其实很简单。

三

后来我知道好好学习了，成绩也上去了，有人问我："你学习的动力是什么？"

我想了半天，说："长大了，可以吃白馒头就着猪耳朵。"

后来我考上了大学，算是出了远门。在那之前，我从未离开过我的家乡，高考时去过县城，算是进了城，见了世面。毕业后我又回到家乡的县城，当了老师，回到父母身边。

上班了，有工资了，虽然不多，但吃饱饭不成问题。刚结婚后，太太露了一手，做馅饼给我吃，纯肉馅的，她在沙发旁用电饼铛来做，我坐在沙发里，边看电视（一场激烈的篮球赛），边趁热吃。她烙完了，我吃完了，她收拾完东西来找馅饼，发现一个也没有了，她吃惊地大呼："那是 12 个馅饼啊，你都吃了？"

第二天和第三天，我都没吃饭，一直胃胀，一时成了校园里的笑料。

这是吃饱了撑的，也是一种幸福。

四

因为各种缘故，我一直想走出学校，想到外面的世界闯一闯，看一看。

那时我特羡慕一所职业高中的朱老师，他经常到我家来，和我大谈法律和律师职业，我为此对法律感了兴趣。厉害的是，他竟然在 2002 的首届司法考试中通过了。

但他从未离开学校，也没做律师，虽然在学校里，他的课教得一般般，和领导关系也不是很好，属于不受待见的老师。我当时就不明白了：他为什么不去做律师呢？直到现在，他还在那个学校里当老师。

大概，通过司法考试的老师，是一种荣耀，坚持在县城里做老师的人，也是一种幸福。

我就不行，我在 2003 年毅然离开了学校，离开了家乡，离开了父母，一走就是 16 年，从此家乡成了故乡。

从山东到沈阳，再到北京，再来上海，我们一家三口从未分开。我在沈阳读法律硕士，太太在沈阳当老师，儿子在附近上幼儿园；我去北京做了律师，太太在北京当老师，儿子就近读小学；来到上海，我做律师，太太进了我们律所做行政管理，儿子就近读初中。

读书那几年很艰难，自然不必再提，即便是在北京最初执业的几年里，日子也很紧，但没感觉到苦，更没有后悔。

那几年，我家的两个外甥，太太家一个外甥和一个侄子，都在北京，有的上学，有的打工。中秋节了，他们一起来我家过节，我们租住的房子只有不到 40 平方米，可谓济济一堂。中秋节，自然少不了月饼。可是，小时候家里穷的时候，月饼便宜，买不起，现在上班了，有钱了，月饼贵得还是买不起！

幸好太太学校发了一盒月饼，打开一看是六个，吃完饭，七个人，每人一个，还有一个人没有啊。我说我从小不爱吃月饼，我最讨厌吃月饼。外甥一边小口吃，一边大声说：一口十块！再咬一口，二十！

儿子把玩了好久他那个月饼，舍不得吃，大家都走了，他才慢慢吃起来，小小的月饼吃了很久，直到圆圆的月亮升起来。

看着儿子幸福的模样，泪水从我眼角流下来。

五

我们一家人来到上海后，找到了一个好的平台，调整了一个业务方向，继续发挥吃苦耐劳和不忘初心的精神，努力奋斗，竟然如鱼得水，业务逐渐好起来，日子也逐渐好起来。

2018 年 8 月，儿子选择了自己喜欢的专业，出国读书了。我和太太送他到浦东机场安检口，还没来得及好好告别，儿子挥挥手，走了！

看着儿子的背影，我们相拥而泣。

不料，没过几天，太太就接到律所总部派她去外地任职的通知，太太也走了。

空旷的家里只剩下我一个人，我成了"空巢老人"！

从此，我们和儿子天各一方，我和太太分居两地，聚少离多。

好在，随着现代交通工具的快速发展，距离已经不是问题，动车、高铁、飞机，已经大大缩短了城市之间的距离。想一想，古代人赶着马车进京，大都是需要几个月的时间，没有手机和微信，一次离别，可能就是永别。所以才有"执手相看泪眼，竟无语凝噎"，才有"劝君更尽一杯酒，西出阳关无故人"，才有"相见时难别亦难，东风无力百花残"等诗句。

现在呢，北京到上海半天就到。据说，以后还有飞铁，一个小时就到。距离还是问题吗？

幸好我们还有微信，这成了我们见面的最经常最便利的方式，打开视频，就能看到彼此，仿佛就在身边，一下子拉进了距离。

"既然选择了远方，便只顾风雨兼程。"为了更好地发展，我们选择离开，是为了更好的相聚。

人与人之间真正的距离，不是点与点之间的距离，而是心与心之间的距离。只要心连在一起，无论天涯海角，都是团聚。

"海上生明月，天涯共此时。"

心里有牵挂，有期盼，其实也是一种幸福。

一个律师的教师情结

身为律师，却一直想写写老师，是因为埋藏在记忆深处的老师，无论是夸赞过我的，还是批评过我的，都成了我难忘的恩师。也是因为我长大后，也当了老师，却又被迫选择离开学校，当了律师。无论山高水长，岁月漫漫，永远难以割舍那份教师情结。

我的老师

我的初中是一个联合中学，在离家不远的树林深处，琅琅书声，鸟语花香，校外就是沙丘，沙丘上是大片的桑葚，现在想来富有诗意。可是，我在初一及初二上学期还是一个只知道玩耍的孩子，直到有一天，我偶然被选中参加镇里的数学竞赛。

我清楚地记得公布成绩的那天，副校长左手举着名单，右手拿着粉笔，在学校公开的黑板上，写着"表扬"两个大字，大家都在围观，不用说，后面的名单肯定是那些学霸。

没想到，第一个写的是我，后面才是学霸们。我的脸一直红到耳朵根，发热了好几天。

后来知道，其实我不是竞赛成绩最好的，但我不知道为什么副校长非把我放在第一位呢？

我后来的成绩突飞猛进，像是雨后春笋！中考时，我是全校六个考上高中的学生中唯一一名应届生。那个穷乡僻壤的地方，初中毕业后大多数孩子都回家了。

高一时，我们班有一个同学和我重名，也叫张刚，但人家聪明，上来学习就好，又会和老师套近乎，所以深得老师喜欢。班主任为了区分我俩，就把我叫到办公室，说："你改名吧！"我说："我不改！"他义正词严地说："人家比你学习好，你就得改！"这个理由比较充分，无奈，我认怂了。

但我仿佛感觉受到了侮辱，俗话说：大丈夫行不更名，坐不改姓，你非让我改名，我还是男子汉吗？

于是，我发奋学习，高二时成绩进入全班前十，高三时，进入全班前五，高考时，我们班就考上了两个本科，一个是我。发榜的名字还是张刚。

韩愈说：师者，所以传道授业解惑也。但我以为，老师还有一个重要的角色：适当的时候刺激一下，可能会打通学生的任督二脉。有时候，人是会突然长大的，也会突然产生一种"识迷途其未远，觉今是而昨非"的幡然悔悟。

老师的一次无意的排名，一次无心的伤害，改变了一个人的命运。我只能是满怀感恩，感恩那些已经远去的老师。

我当了老师

我考进师范院校，进入历史系，1995 年毕业后回到家乡县城当了老师。

当我满怀憧憬走进校园时，接连发生的两件事情，打破了我的教师梦。

一件是，教学副校长为了安排他的亲戚教课，让我成了闲职，后来负责校庆，后来校庆也不搞了，不了了之，我孤寂了好几年，没有体验到教师的快乐。

另一件是，学校书记给我介绍对象，后来我不同意，我又开始享受坐冷板凳的待遇，又接着荒废了好几年。

但荒废期间，我有空读书写作，在正规刊物发表了几篇文章，自鸣得意。

自鸣得意之余，我知道，学校不是一片净土。我不是一个喜欢巴结领导的人，也不是一个喜欢争抢荣誉的老师，于是，我一直在找寻逃出学校的机会，终于一个偶然的场合，获悉全国高校在招考法律硕士，于是重新燃起了我的法律梦。

经过几百个挑灯夜战，我考上了法律硕士研究生，毅然辞职，离开学校，带着老婆孩子走上了跨界求学之路（详见我的《平凡之路》）。

我当了律师

可能命运注定我不是一个端教师铁饭碗的人，我毕业后去了北京，当了律师。

在最初做律师的几年里，我什么案子都做，包括房地产纠纷、离婚、交通事故、刑事案子等，但是让我觉得最有成就感的案子，仍然没有离开教师的主题，是一系列的行政诉讼，也是这些案子让我登上了《中国青年报》和《法制日报》的版面。

代表性案件之一是，我为我原来当老师的学校的学生打了两年多的官司，为了实现他们的教师梦。我原来就职的学校是一所中等师范学校，培养的是小学教师，学生都是品学兼优的初中生选拔上来的，国家计划内招生，按照当年的政策都是包分配的。可是到了他们毕业时，大学生已经无处安置，中专生就更不稀缺了，于是他们毕业就失业了。

我顶着压力代理他们的案子，经过一审和二审，获得胜诉。目前，已经有很多学生进入教师岗位，终圆教师梦。也有大批毕业生依然徘徊在校园之外。

代表性案件之二是，我代理了湖北省某市的300多名民办教师转正案。这些民办教师在国家发放转正指标后没有得到安置，于是让我帮他们争取正式教师的身份。虽然官司以诉讼时效的原因败诉，但我尽力了，令人安慰的是被告承认了自己的管理问题，有的老师获得了一些其他安置。

作为律师，我认为，应该尽到自己的一点社会责任，力所能及地帮助那些弱势群体。所以在最初执业的几年里，我做了大量的工作，去帮助他们打官司，尽管没有多少胜诉，没有多少利益，更没有多少荣誉，但是我感到了心安和踏实。

现在，我有了自己新的客户，新的业务，找到了实现自己价值的新的方向。也实现了自己一直追求的自由：人身的自由，菜市场的财务自由和写作的言论自由（见本书后记《一个律师的自由观》）。

我当了导师

平时，我的助理都叫我张老师，而不是张律师，我竟然没有感觉到一点违和感，因为我原本就是老师。

2014 年，我被华东政法大学聘为兼职硕士生导师，为法律硕士讲课，当我站在大学讲台上时，我找到了久违的老师的感觉。

2016 年，我被上海交通大学聘为兼职硕士生导师，带法律硕士实习，指导他们学习律师实务。

这个暑假，我带了几个实习生。其中一个老家是新疆石河子的，在我们律师团队 7 月去新疆旅游时，她父亲开车从石河子运了一车的西瓜和各种馕，搬到我们乌鲁木齐机场的旅游大巴上，给我们那几天漫长的旅途提供了充足的食物。

这难道不是导师值得自豪的事情吗？

最近，我们律所推出一个新制度：青年律师导师制，在全所范围内，按照专业领域，推选资深律师成为律所的导师，考量品德修养、业务能力和业绩。我有幸成为全律所第一批的八个导师之一，业务领域是建设工程。

我们导师的责任，是通过与年轻律师进行业务合作的方式，帮、扶、带，积极指导年轻律师，尽快提升业务水平。

最近律所内经常有律师打电话找我请教案件的事情。

这难道不是导师值得骄傲的地方吗？

纪伯伦说："我们已经走得太远，以至于忘记了为什么出发。"这是我们要记得时刻提醒自己的地方。

从教师转行做律师，我虽然离开了教师行业，但我一直在和老师打交道，一直努力帮他们站上教师的舞台。从专职律师到兼职导师，我又回到校园，担当教师的角色，力所能及地帮助年轻人实现自己的梦想。

这难道就是生命的轮回吗？不要忘记你从哪里来，不要忘记感恩，不要丢掉纯洁和纯粹，时刻鞭策自己，不忘回报社会。

教师节来临之际，祝天下所有辛勤耕耘的老师，节日快乐！

这年头做律师，
没点"武功"还真不行

文具盒引起的三毛钱的债务

小时候，没有什么娱乐项目，小镇里五天一次的大集，就成了我们经常去凑热闹的地方。

三年级的一天（1981年），我约了几个小伙伴一起去赶集，路上遇到一个同学叫向东，是我们班里最有钱的。他刚刚赶集回来，手里拿着一个崭新的文具盒。我们几个凑近了，细细地看，盒子画面是孙悟空大闹天宫的图案。活灵活现的美猴王和虚无缥缈的天宫，让我们羡慕不已，口水都快流出来了。

我们那时用的文具盒，几乎都是纸盒子做的。什么样的纸盒子呢？医生给你打完针，把一个装针剂的纸盒子清理了，哄着你说：给你一个铅笔盒。我把眼珠子里转圈的眼泪使劲收回去，咧着嘴接过来。

向东的文具盒，虽然不能用手摸，看是可以看的，但是也不能久看，他就缩回去了。于是我们摩拳擦掌地约起来，比赛扔石头。这是我们经常玩的游戏，比有钱不行，比力气还是可以的。向东不参加，抱着他那心爱的文具盒，站在一边观战。

参照物是路边那个水塔，看谁扔得高过它的顶部，谁就赢。

那个水塔大概有二十几米高，当年传说有专家在那附近发现了石油，于是就来勘探，准备开工建设，附近村子里立刻热血沸腾起来，想象着富起来的生活，谁知项目后来流产了，水塔就是那时候遗留的产物。

几个小朋友跃跃欲试了几下，投射出去的"子弹"，连水塔的一半都不到，只好望洋兴叹。我来！我早就按捺不住了。

大家都站定了看，我找了一个不大不小的鹅卵石，轮了几圈胳膊，使足了劲，向天空抛出去。只见石子像火箭般直冲云霄，直到大家抬着头，张着嘴，看不见了，才低头问我："你扔了吗？"

"我扔了啊！"

"你扔哪里去了？"

"我也不知道啊！"

话音未落，只听见"啪"的一声，声音非常清脆悦耳。像是鼓点，又像是锣声，反正和音乐有关系。我们四处找寻那乐器。

紧接着听见那个向东，哇哇大哭起来。

我们以为，这个倒霉蛋被石头砸了，急着去看，我问："你哪里受伤了？"

"不是我！"

"不是你，你哭什么？"

"是我的文具盒！"

他伸出他的"大闹天宫"给我们看，只见上面一个不大不小的凹，刚好和我扔出去的石子一般大。

我们惊呆了，哪有这么巧啊？然后是庆幸，幸亏没砸到头上，若是砸到头上，就不是一个凹，可能就是一个洞！

然后是讨价还价，直到快到晌午了，最后才达成口头协议：我补偿他三毛钱。

可别笑，三毛钱，那时候也不少啊，他的文具盒一共才一块钱！那时候我们的口袋里，经常是长年累月的一分钱也很少光顾，免费的石头却是常客。

所以过去了几个月了，还是还不上，又不敢和家里人说，就一直欠着，但每次见了向东就像杨白劳见了黄世仁，只好躲着走。

我将他列入复仇者黑名单

有一次，我在学校的厕所里听见有人窃窃私语，对我指指点点地说"老赖"。小小的年纪，带上个"老"字，按说应该感到无上光荣才是，比如老子、老师、老板、老大，可是后面是一个"赖"字，就大大降低了这个名词的价值，反而感觉无限羞耻起来。

我每天感觉无地自容，上课根本听不进去，有人交头接耳，我就以为是在说我，我的脸就红一阵子，白一阵子，恨不得找个地缝钻进去。接下来的时间里，我的日子好难熬啊，一度产生辍学的念头，有一次，我真的赌气搬着凳子回家了，要不是后来母亲搬着凳子领我回去找校长，我真的就不上了。

有一天，做课间操时，向东在我后面，他一个前踢腿，踢到我屁股上，可能是故意的，也可能不是故意的，反正大家都往前踢。我回头看看他，他反而说："看什么看？老赖！"一副凶神恶煞的样子。我一下子跳到他身上，摁住了他，但我没有动手打他，只是摁住了。他不停地反抗，对我拳打脚踢，其中有一拳刚好打在我的鼻子上，流血了，于是我放开他去找水。表面看来，好像是我打赢了，其实受伤的是我！

不久，学校里又开始流传一个故事：这家伙是故意的，那天他看见向东的崭新锃亮的文具盒，顿时心生嫉妒之心，于是想出一个计策，用石头给他砸坏。谁不知道他抛石子的本领好啊！假装往天上抛，其实他早就算计好了，结果那石子恰好落在那个文具盒上，要不，哪有这么巧的事情啊？

在这个故事里，他们吹嘘的我抛石子的高超技术带给我的自豪感，稍稍停留片刻就被故事所要表达的中心思想埋没了。当你的无意行为，被曲解带有强烈的感情色彩的时候，尤其是恶意的，你只能是哑巴吃黄连——有苦难言。

有一天，我和同学们像往常一样放学回家，当路过向东家门口时，突然从他家大门里窜出来两个人，一个是向东，一个是他爷爷，向东手里拿着棒槌，他爷爷手里拿着扫帚。他们直奔着我过来，我还没明白怎么回事呢，头上就挨了几下。在众人劝阻后，我才发现我的头上已经起了两个大包，火辣辣得疼；感觉胳膊黏黏的，一摸，是血，被他爷爷的扫帚划的。

我捂着头，没敢回家，径直走出村子，一个人在树林子里逛游。树上几只喜鹊在欢快地叫着，好像在欢迎客人的到来，叽叽喳喳地没完没了，完全不能体会客人的痛苦。我抓一把沙土，敷在伤口上，立刻止了血。我等着头上的大包小点了，在眼眶里转圈的眼泪掉下来，太阳落了山，看看没人，才回家。

晚上，我做完作业，在课本的最后一页，写下了向东的名字，作为长大后复仇者黑名单上的第一人。

从小练就的"武功"，派上了用场

为了复仇，我就偷偷地练功。那时，电视上热播武侠剧，什么《霍元甲》，村子里也放武侠电影，什么《少林寺》《少林寺弟子》《武林志》等，于是我爱上了武术，打沙袋子，站木桩，跟着不知从哪里搞来的拳谱，学花架子练招式。起早贪黑，为的什么？就是为了长大后报仇，不光是向东，还有那些一起起哄羞辱我的家伙，都写入了黑名单。

后来，身体确实强壮了许多，可能是天生遗传，也可能得益于"练功"。首先体现在大学期间我的篮球运动的突飞猛进，其次就是"打架"。

一次是发生在 2003 年我参加清华大学法律硕士研究生面试的日子里，面试前一天的那个晚上我在清华园里瞎逛，不停地想着第二天的面试，老是打鼓，心里颇不宁静。突然，听到有人喊："抓贼！"只见一个黑影提着一袋子东西慌慌张张地跑过来。

我看着后面几个学生模样的人在追，一下子明白了。

我飞身上前，一脚把那人踢翻在地，直接扑上去摁住了他，直到同学们赶过来，我才放手。

看着同学们押着那个人，旗开得胜的样子走了，我也回到宿舍，沉浸在自己见义勇为的故事里，久久不能平静。想着：这人到底偷了什么东西？

结果可想而知，我面试落榜了，好像是差了 0.5 分！只好调剂了学校，与清华大学擦肩而过。

还有一次，是我刚做律师的第一年里，我作为社区居民的代理律师，被告是一家开发商，为了巨大利益，擅自改变了规划，侵占小区的绿地。我们起诉后，开发商想尽各种手段，威逼利诱，都没有让我们屈服。这家开发商竟然找人（不能确认是否黑社会的人）来报复我们律师。

他们在法院门口事先埋伏了，在我们经过时，他们突然过来抢我的案卷材料，幸好我反应及时，一下挣脱了那个戴着墨镜的壮汉，后面几个壮汉又扑上来，被我一一击退，然后我飞身跑进法院才脱身。

后来，我们报了警，双方在派出所僵持了很久，鉴于我良好的身体条件，他们也没敢把我怎么样。

做律师久了，我不再动武

此后，我再也没有动过手，不过倒是凭借高大的形象，吓退了一批又一批的"对手"。

有一次，在松江开庭，我代理一个实际施工人起诉了一家开发商。开庭过程中，那个开发商老板，气焰嚣张，满嘴脏话，辩论刚刚结束，他竟然暴跳如雷，指着我的当事人大骂，甚至拿起水杯过来要砸我的当事人。我站起来，大喝一声："放下你的杯子（不是鞭子）！"结果他就退回去了。

还有一次，我在宣城开庭，被一群对方当事人围攻，我镇定自若，提着包大摇大摆地从他们人群中穿过，我的当事人紧跟在我身后，对方只是看着，没人敢轻举妄动。我们得以安全脱身。

还有一次，一个离婚案件中，我代理女方，她是因遭受家庭暴力起诉离婚的。她找了好几家律所，见了好几个律师后才决定委托我的，她的一个重要的理由是：我是一个身材魁梧的山东大汉。开庭前，她紧紧地跟在我身后，开庭时，她不敢发言，我鼓励她大胆说话，我说，不要怕，有我呢！她才说出自己的委屈。自始至终，男方没有敢越雷池一步。

我讲的这些案例，表面看来，好像是高大的身材和气势镇住了对手，仔细想想，其实不是，这只是事情的一小部分。

归根结底，律师真正的实力，不是会不会武功，不是身体是不是高大，而是专业、经验和坚持。即便一个身材瘦小的律师，尤其是女律师，她安身立命的本领，绝对不是身体，而是实力。

实力的背后，应该是法律的正义！

终于有一天我和向东狭路相逢

向东呢？他初中就毕业回家了，没考上高中，所以我们越走越远，一直没有交集。终于有一天我和他狭路相逢。

那是大二暑假的一个下午，我一个人百无聊赖地在县城的马路上闲逛，突然一辆自行车停在我面前，差点撞上我。我抬头一看，惊呼：向东！

他也喊出我的名字。

"文具盒事件"虽然过去十多年了，他还是那个样子，好像一直没有长似的，所以我一眼就认出他来了。

他说："我远远地看，像你，但比以前高多了，简直不敢认了。"

我们都感到非常惊喜。他说他现在在商场做销售员，非要请我吃饭，他说请大学生吃饭是他的荣幸。我也没客气，反正闲着也是闲着。

酒足饭饱以后，我们都晕晕乎乎的，走出饭馆，握手分别。

我踉踉跄跄地走在大街上，夜风一吹，酒醒了大半，突然想起刚才好像忘记了什么？应该和向东有关的。原来他曾经被我写进了我的复仇黑名单了的，我还没揍他呢？怎么就让他走了呢？

我回头找寻，路的尽头还能看见他推着自行车的瘦小的身影，于是我飞奔过去，大喊一声："向东！"

向东一回头，看见是我，说："你怎么又回来了？没事吧？"

我举起右手，挥了一下，说："你没喝多吧？别骑车了，慢走啊！"

养生篇

我为什么喜欢在晚上一个人走路

　　我几乎每天晚上，在九点到十点之间，在我家附近一个湖边的跑道上徒步，差不多一个小时，来回地折返，大概能走五公里。除了客观情况，如出差、应酬之外，几乎风雨无阻。

　　那条跑道傍着湖，穿过一片树林，环境幽静，草木葱郁。有的季节，花开遍地，满地芬芳，沁人心脾。

　　平日里，这里是居民散步和跑步的集中地，人群熙熙攘攘的，走路的，跑步的，三五成群的，相向而行的，经常因为躲闪不及，擦肩而过。

　　我不喜欢拥挤，所以我选在晚上九点以后，人就稀少了许多，路就安静了许多。

身体是革命的本钱

　　作为律师，我必须时刻保持旺盛的精力和斗志，随时应对和解决客户遇到的复杂疑难问题，不容有任何闪失。那么前提就是我的身体必须保持健康状态，所以我不能生病。

如果一不小心感冒发烧了，我的精神状态就会低迷，势必影响对案件的判断，开庭时就会降低我的斗志。

如果爬山闪了腰，我只能躺在家里休养，不能去单位，势必影响工作，影响出差，影响开庭。客户为我担心，我也很着急。我只能在家遥控指挥助理或其他律师工作，好在信息时代为我提供了方便。

如果打篮球扭伤了腿，我只能去医院做个支架，慢慢地恢复，客户来访，我只能让助理陪着参观律师大厦，一个人在楼下等着，然后赔着笑脸和客户尴尬地解释。

上次从西藏回沪，为了赶上去泰安的火车，如果不是身体好，如何能够用十分钟时间拖着行李箱从虹桥机场赶到虹桥火车站？

很多时候，别人是无法替代的，只能自己亲自处理一些事情。

所以，我不能生病；不能生病，就必须加强锻炼；加强锻炼，还不能操之过急，剧烈运动会带来伤害，所以我只能选择走路。

身体是革命的本钱，必须坚持不懈地锻炼。

人都需要有一个释放压力的地方

最初仅仅是为了锻炼身体，才在这条道路上徒步，后来我逐渐发现，这里成了我最放松、最自由的地方，因为这个时刻才是真正属于我一个人的。

在单位，我没有时间松懈，时刻保持紧张的状态。接待客户，起草法律文书，准备证据材料，审查合同，回复邮件，微信沟通，一点都不能马虎，来不得半点闪失。有时忘记了喝水，有时忘记了撒尿。

没有案子时，抓紧学习，充实头脑；有案子时，努力工作，受人之托，忠人之事。

在法庭上，我必须沉着冷静，头脑清醒，唇枪舌剑，据理力争。庭下，我可以是一个平易近人的人，可以是一个随和的人，可以是一个宽容的人，庭上不行。庭前，我都会紧张，必须上一趟卫生间，排空所有的废物，开庭过程中不能有任何事物干扰我。

在路上，我必须遵守交通规则，严格按照交警的指示来开车，严格按照法院规定的时间提前到达法庭，每次停好车关上车门，助理都会问："车里开着空调，为什么你背后的衣服全湿了？"

在机场，无论再着急，都要服从和接受航空管制、飞机取消和延误的现实，绝对不能踏着点去赶机。去西藏开庭，我为了防止飞机取消或晚点，提前一天去浦东机场附近的宾馆住下，乘第二天最早的航班，才能提前到达法庭，不致延误。

下了班，回到家。我必须马上转变角色，我从律师又成了丈夫，成了父亲，成了儿子，成了弟弟。我抛却工作上的烦恼，不能带给家里人任何的情绪影响，让她们看到的是慈善和笑脸。我从高楼大厦来到菜市场，瞬间融入熙熙攘攘的人群中，在讨价还价中享受着油盐酱醋菜的财务自由；我从法庭来到厨房，三下五除二，煎炸烹煮炒，一切都是那么自然和顺理成章。经常是我正炒着菜，客户来了电话去接，一打就是几十分钟，甚至一个多小时，回来再看锅里的鱼竟成了红烧黑鱼。

哪里才能找到自我？在这里。

这个幽静的跑道上，我可以快走，也可以慢走，我可以伸懒腰，也可以深呼吸。昏暗的灯光下没有人认识我，我可以出了汗脱了上衣光着膀子，也可以用手机放音乐一起大声唱歌，还可以耍一下把式。累了我可以静静地坐在路边看星星看月亮看云彩，什么都不想。想起刚离世不久的娘，我可以一个人在这里尽情地哭出来，让眼泪尽情地飞，无所顾忌的，没有人看见。

这里是我释放压力、找回自我的地方。

生命在于运动

医学表明，人在适当运动的时候，可以帮助思考。尤其是边走路边思考，这个时候确实会产生意想不到的灵感。

我就是在晚上走路时，经常想起白日里遇到的疑难复杂的案件，在比较纠结的地方突然一个灵感闪现在脑袋里，豁然开朗，找到了解决思路。

我就是在这里走路时，苦思冥想我的著作书名叫什么？渐渐地《平凡之路》出现了。而且很多故事情节也是在这里找到的，在行走的路上把支离破碎的记忆捡起来，并开始构思和逐渐丰满起来。

我想起160年前，法国有一位杰出的科学家叫安培，在街上散步时，他突然想演算一道数学题，就在一辆马车后边写起来，结果马车跑了，他就跟在后面，边跑边算，最后得出一个重要公式。这应该与"边运动边思考"不无关系吧？

生命在于运动，运动助我思考。

北岛写过一首诗，名字叫《生活》，全文只有一个字：网。我的理解是，人生在世，不是为自己活着，因为你就是连接生活这张网的一个点，你身上肩负很多责任，你一旦松懈，势必会影响你周围的人。所以，毕淑敏说过："我对于我的工作我的事业，是不可或缺的主宰。""没有人能替代我，就像我不能替代别人。我很重要。"

是的，我很重要，我们都很重要，但正因为如此，我们不能在工作和生活中迷失自我。为自己找点时间，找点空间，放纵一下自我，找回自己，我们前面的路才能走得更远，才能为网中的其他人作出更大的贡献。

· 公园 ·

律师的四杯茶，
敬我，敬你，敬他和她

俗话说，人生如茶，茶如人生。不同的人喝茶，会喝出不一样的人生。当律师遇到茶，会演绎什么样的故事呢？掬四杯茶，致敬故事中的主人公，感谢给我们带来精彩的人生。

一杯大红袍：敬法律职业，以及我们的知音

有一年国庆节去武夷山旅游，我们挤过人山人海，来到天心岩九龙窠，看到了石壁上那几棵大红袍母树，想象着如果能喝一口这母树的大红袍，该是多好的人生美事啊！可惜，空想毕竟是空想，只能在岩壁下的小摊上买了几个茶叶蛋，却感觉奇香无比，余味绕梁。

回到住处，我们已经是筋疲力尽，民宿的老板独自在客厅里喝茶。他看到我们，热情地招呼："渴了吧？过来喝几杯茶吧。"我们真的是渴了，也不客气，我连饮了三杯，倍儿爽！

老板和我聊起来，他问我："老板，做什么生意啊？"

"律师，"我说。

"啊，啊，原来是律师啊！"老板肃然起敬的样子，说，"我特别崇拜律师，我刚好有几个法律问题要咨询呢。"

"好啊，"我说。

"收费吗？"他笑着问。

我说："非工作时间，可以不收费。"

他说："那好啊，我这里有上等的大红袍，我要专门泡给大律师品尝。"他说完起身进了内屋。

老板拿出茶，先洗净手，再去洗碗，然后用木制的勺子把大红袍小心地铲到碗里，接着是洗茶。第一泡不喝，倒掉，然后第二泡泡上后，他用木制的镊子把六个小茶碗从水里捞出来，整齐地一字排开。

这时，大红袍泡好了，老板恭恭敬敬地给我倒上，说："请大律师品尝，看看是不是好茶？"

我多少还是懂点茶的，我端起茶碗，但见大红袍汤色橙黄，明亮厚重，凑到鼻尖去闻，香气四溢，仿佛有兰花之香，小酌一口，沁人心脾，回味无穷。

"确实好茶！"我赞不绝口。

我们聊了很久，老板言语中流露出对律师的尊敬和崇拜，以及老板奉献出他珍藏的大红袍，让我的自尊心得到了极大的滋润。

我倍感受宠若惊，在这崇山峻岭的荒野，有人对律师表达爱慕之心，仿佛遇到了知音似的。这让我对律师职业平添了更多信心和自豪，"莫愁前路无知己，天下谁人不识君"。

一个职业受到老百姓的尊重程度，是衡量这个职业在社会中地位高低的重要标志，甚至决定这个民族的价值取向。尊重律师，说明人们崇尚法律，法治社会便指日可待；尊重教师，说明这个国家重视教育，民族就有希望；当人们都崇尚升官发财，官僚主义就会盛行；当人们都去玩金融，制造业就完蛋了；当全民都去炒股票，实体经济就完蛋了。

于是，端起这杯大红袍，敬这个职业，敬这个职业的"红颜知己"！

一杯西湖龙井：敬我们的客户

前年清明节前，我和一个客户在浙江省高级人民法院开完庭，他说，张律师，我带你去一个地方喝茶。

我问："哪里？"

"不远，龙井村。"他神秘兮兮地说。

我们来到西子湖畔狮子峰下的龙井村，一个据说是乾隆下江南时多次去过的地方，以产龙井茶闻名于世。

　　他带我去了一户人家，说主人是他朋友，也是他儿子的干爹。村子里的人家大都搬迁走了，只剩下他们几户，他们是原始居民，不愿意离开，所以一直守着附近的茶园。

　　主人一边沏茶，一边说，我有自家产的好茶，一般不给人家吃的，即使马云来了，我也不会拿出来。今天贵客来了，当然是上好的龙井茶招待。

　　我连声道谢，但见三只高高的玻璃杯，分别撒了绿叶几许，都是上好的龙井明前茶。泉水烧八成开，沏上。观其色，色泽嫩绿光润，闻其香，香气鲜嫩清高，品其味，滋味鲜爽甘醇。

　　开了半天庭，我没喝一口水，这时来一杯龙井茶，如同久旱逢甘霖，顿觉神清气爽，疲乏尽无。

　　我非常感谢客户能够带我来到龙井村，品尝到地地道道的好茶。我们促膝长谈，推心置腹。客户感慨地说，我能够坚持信任你，完全是因为你的人品。

　　这个案子，我们一路从中级人民法院打到高级人民法院，已经打了三年多了，其中的艰辛和周折，只有我们自己知道。虽然一开始结果不尽如人意，客户也曾有过换律师的想法，但客户后来非常理解我，非常信任我，最终他一直陪在我左右，坚定支持我。所以才会有今天的收获，这收获虽然不完美，但客户也知足了。

　　作为律师，你会不会经常为了客户的不理解和不信任而苦恼？如何才能取得客户的信任？如何维护好律师与客户之间的关系？这大概是经常困扰律师的基本问题。

我认为，律师与客户的关系当如这龙井茶，淡而远，君子之交淡如水；香而清，清澈透明，奉献自己，手留余香。

无须刻意去表现自己，无须强求客户喜欢自己，只需做好真实的自己。因为，律师最终取得客户信任的，不仅是你的表现，不仅是你的专业，最终还有人品。

如果你足够的优秀，日久天长，他迟早会成为你的客户，你也会拥有更多的客户，只是时间而已。

羊祜，魏晋名将，这样一个德才兼备的人物，并非都是一见如故、一见钟情的。

据史料记载，野王县令郭太业，初次见到羊祜，认为不过如此，甚至感觉还不如自己。等他再次见到羊祜时，觉得他高于一般人，仅此而已。等他第三次见到羊祜时，认为羊祜的人品高于颜回，羊祜离开时，送他到很远不忍离去，以至于违反"县令不得随意离开县境"的规定，后被免官，但也无悔。

这样看来，结识一个人，非长久不能成为知己。客户就是这样，最初是你的专业或者说产品吸引了他，然后是人品最终成了关系的纽带。可能磨合的过程中，你的不完美，导致他会重新去寻觅，但几圈下来，最终发现还是最初的你是他最好的选择。

细数你现在的客户，包括不限于法律顾问单位，你的下游供应商，你的上游客户，合作时间能够超过三年的，可以成为你的合作伙伴；时间超过五年的，可以成为你的哥们和朋友；时间超过八年的，可以成为你的终生知己。

看看吧，你周围的客户，哪些朋友可以值得你敬一杯龙井茶？

一杯红茶：敬我们的同事和朋友

最初在北京执业的几年里，困惑、彷徨、迷惘经常光顾我，因为我开始对于律师这个职业是排斥的，是缺乏信心的。我甚至认为我不适合做律师，我有很多缺点：不善于讲话，不善于争论，不善于表现。

我就这样在挣扎中徘徊，在徘徊中挣扎。

一个夏天，我约了律师朋友，我们两家一起出游延庆的龙庆峡。

那天天气极热，我们一路爬行，一路畅聊。他也是刚刚执业不久的律师，那天我才知道，他和我有着同样的苦恼，只是平时没看出来，他每天都是乐呵呵的，我还以为他一帆风顺呢。

我们爬到山顶，大汗淋漓，身体已经近乎虚脱，我们带的水早已喝完。

这时，我们发现，山顶有一个茶摊，我只是远观，不去苛求。

律师好友好像看透了我的心思，遂去要了一壶茶，是红茶。

我们就在山顶围着一个茶桌，坐在一起，沐着山风，喝着红茶，一览众山小。

或许那红茶不是极品，但胜似极品。记忆中，那茶色泽乌黑油润，汤色红亮，香气浓郁带糖香，滋味醇和回甘，至今久久不能忘却。

或许不能忘却的不是红茶，而是我们的推心置腹。那天，我知道了，律师这个职业，不是一蹴而就，不是华丽可以取宠，需要付出百倍努力，承受煎熬和苦闷，接受巨大挑战，才有可能成功。

在后来的日子里，我喝过祁门红茶，喝过云南滇红，喝过正山小种，但龙庆峡山顶的无名红茶最使我难以忘怀，让我时刻铭记：我不是一个人在战斗！事实上，在后来的执业过程中，我们互相激励，互相帮助，一直坚持走在律师职业的道路上。

其实，各行各业的人们，在奋斗的历程中，都离不开朋友和同事的支持，让我们用一杯红茶，敬他们，敬我们的同事和朋友！

一杯黄山毛峰：敬我们的家人

结婚前，我对女朋友说：我找时间带你去黄山。后来她嫁给了我。

儿子记事时，我向儿子许诺：我找时间带你去黄山。现在儿子成年了。

· 老虎 ·

20多年过去了，我们一直没有去过黄山。期间，我和太太不断地变换职业和城市，我们从教师到律师，从北京到上海，一直在路上。儿子也在不断地变换学校，从白天到黑夜，从周一到周日，永远有写不完的作业。

今年年初我们终于来到大黄山。

在黄山脚下的宏村，儿子铺开画板，开始写生，青砖白墙，绿水蓝天，尽入画笔。

太太永远离不开她那部手机，仿佛有着永远处理不完的事务，随她去吧。我要一壶黄山毛峰，慢慢小酌。

黄山毛峰也是绿茶中的佼佼者，但见杯中茶，雾气结顶，汤色清碧微黄，叶底黄绿有活力，酌一口，滋味醇甘，香气如兰，韵味深长。

此情此景，此时此刻，突然一种莫名的感动涌上心头，我端起茶杯，对着大黄山，喊了一声：干杯！

太太和儿子不约而同地抬起头看我，异口同声：莫名其妙！

做律师以来，我一直保持喝茶的习惯。晚上，泡一壶茶，慢慢饮。不同品种的茶散发不同的香味，让我常常想起历历往事，想起周围的人，想起那个民宿的老板，想起客户，想起朋友，想起家人。

喝茶久了，渐渐感觉香味淡了，于是不再去挑剔茶的品种，不再去苛求茶的贵贱。其实，真正的生活没有太多的香味，没有太多的精彩，没有太多的华丽，没有太多的轰轰烈烈。

《菜根谭》有一句话，道出一个真理：真味是淡，至人如常。

无论什么身份，无论什么职业，我认为，保持一颗平常心，走平凡之路，做真实的自己，应是最好的境界。

作为律师，法庭外，不求闻达显赫，有口皆碑，但求真诚待人，尽职尽责；法庭上，不求妙语连珠，语出惊人，但求切中要点，真实可信。

足矣！

中年律师的崩溃，
都是悄无声息的

中年，对于每个人来说，都是一个坎，生理和心理会发生巨大变化。如何面对和管理这个坎，将决定你的人生之船是否平稳。

我喜欢有人说，中年，人生的下半场才刚刚开始。我喜欢有人说，律师，如同医生的职业，越老越值钱。

律师到中年，一般来说，事业相对稳定，人也变得成熟，按理说，不应该有什么烦恼。错！烦恼常常不期而至，躲也躲不掉，谁也不例外。

人到中年，内心反而变得脆弱，越来越容易哭泣

两年前的一天，母亲突然脑梗住院。当我来到母亲身边，母亲紧紧抓住我的手，吃惊地问："你怎么有时间回来的？"我骗母亲说，我没事了，有的是时间。

当我在病房门口不停地接打电话时，母亲说，你回去吧，我没事，有你姐呢。

三天后，我决定要走了。我对母亲说："娘，我走了，您好好养病，我抽空回来看您。"

母亲难道知道，我的承诺都是空头支票？我回到上海一周，娘就走了，义无反顾地。

我不知道为什么？当时的悲恸是没有太多眼泪的，以后的日子里，看见娘给我手工缝制的鞋垫，我就哭，因为能想起母亲带着老花镜在密密缝制的样子；儿子回国想吃我拿手的排骨，当排骨倒进烧热的油锅滋啦响的时候，我就哭，因为我闻到了小时候母亲给我做的排骨香。

母亲离去的那一个春节，我和太太回家过年。腊月二十九的正午时分，我们开车十几个小时回到熟悉的院子，不见了在门口张望的母亲，只看见老父亲在沙发里打盹。屋里冷冷清清，显然没有准备午饭，也没有什么年味。

我和太太放下行李，开车直奔小镇的集市。路上，我边开车边哭："若是母亲还在，绝不是这样的。"太太也陪我哭。我们在小镇的一家包子铺吃了中午饭，刚要去集市赶集，就接到二姐的电话："你们去哪里了？"

赶集呢！

回来吧！家里的年货都齐了。

我们就往回赶，到家一看，二姐已经把饭菜准备好了。原来二姐在她家里（邻村）准备年饭，早就给我们备好了，都是我小时候最爱吃的。闻着香喷喷的饭菜，我的泪水又流下来。

后来，身边的亲人相继离去，二舅走了，大姑走了。我擦干泪水后，认识到，人到中年，渐多的死亡终究是要面对的。但愿逝者安息，生者坚强，生活还要继续，工作仍须努力。只是，因为工作的忙碌不能一一回家送行，心中的愧疚与日俱增。

律师的世界里，本来没有哭泣，人到中年，打破了这个规律。

人到中年，为了防止油腻，必须加强锻炼，同时带来矛盾和尴尬

我爱好运动，尤其喜欢打篮球。在大学是学院的篮球主力，毕业后在学校是校队主力，上研究生时是法硕的主力，当律师的最初几年里还是律所的主力。

在北京做律师的最初几年里，我住在高校附近，经常去学校打球，和大学生打成一片。一开始，同学们喊我"大哥"，再后来的有一天，同学们突然叫我"大叔"时，我才开始怀疑：难道我老了吗？我既感到悲哀又感到庆幸，悲哀的是人到中年却没有自知之明，庆幸的依然是人到中年却没有自知之明。

于是，我决定，在球友们叫我"大爷"前，退出篮坛，转而开始走路和跑步。

但是坚持了一年，不见效果，体重依然是那个体重，没有明显下降。一个原因是，锻炼的节奏常常被工作打断，没有持续性。要么出差了，要么会客了，要么加班了，晚上回到家已经是 12 点了，有时候饭还没吃呢，还跑啥步呢？一个原因是，为了减肥，就节食，节食久了，营养不够，体能下降，浑身无力，于是恶补，体重又反弹了。就这样，减肥、节食和营养平衡经常发生矛盾。

有一次，我几个月没见的一个客户，看着年轻了许多，精神了许多。他告诉我，他在锻炼，并且分享了一些经验：多吃蔬菜和水果，还有白肉，就会保证你的营养。运动量一定要上去。你只跑了三圈就停止了，这个时候仅仅是消耗了你正常的卡路里，所以体重不会下降。如果再坚持跑几圈，就是燃烧你多余的脂肪了。

我听取了他的建议，坚持多跑了两圈，体重果然开始下降。

跑步让我明白了一个道理：很多时候，我们离成功就差那么一点点，再坚持一下，奇迹就会出现。

可是，对于律师这种职业来说，奇迹不常常发生，成功也很难降临，因为律师经常面对的是不规律的工作和生活。

律师到中年，没有资格倚老卖老，还得放下身架

客户慕名而来，不是借助你的名气就能解决问题，而是需要你亲力亲为，需要你的专业和经验。常言道，人的精力是有限的，尤其是律师的时间，是最为宝贵的。我不担心客户给我小案子做，我担心案件的冲突；我不担心客户点名让我亲自做，我担心时间

的有限。

我长期以来坚持事必躬亲，大小的案件，我都会出庭，结果疲惫不堪，疲于应付。

于是，我努力去培养我的助理，打造我的律师团队。

有一次，有两个案件同时开庭，我只能选择一个出庭，另一个案子决定交给助理。客户表示了担心，还是想让我亲自出庭，我对他说，放心吧，这个案子我已经交接给助理了，她能行的，不会因为我不去就会败诉。

结果助理表现很好，案件获得胜诉。

我曾经说过，律师最重要的价值是思路，思路决定出路，只要你的助理按照你的思路贯彻执行了，结果是一样的。

但是无论你怎么解释，客户就是不明白这个道理，还是希望你亲自出马。

律师到中年，遇到的法官越来越年轻。诉讼律师做久了就会知道，在法官眼里，没有大律师，只有代理人。有时候法官急了，怼你几句，你也只能忍着。面对年轻法官，中年律师绝不能端大律师的架子，还要耐心细致地交流。很多时候，律师的专业和态度，决定了法官是否尊重你，决定了是否采纳你的观点，甚至决定案件的结果。

为了客户的利益，中年律师的面子值几个钱？中年律师的架子，谁会理会？

所以中年律师的心态要摆正，该放下，还是得放下，从零开始。

我总结中年律师与年轻法官交流的几点经验，我们务必努力证明自己：

（1）我是一个专业的律师，我说的每一句话都是有法律和事实依据的，没有瞎编，没有胡搅蛮缠。

（2）我是一个有经验的律师，我做的类似案件在其他法院也是这样审判的，最高人民法院的判例也是这样的，您应该参照，不能乱判。

（3）我是一个正义的律师，我不会单纯为了我当事人的利益而去混淆是非，误导法官，而是为了帮您作出一个公正的判决，经得起检验。

试想，当法官信任了你，从职业共同体变成了你的微信好友，甚至粉丝或读者，沟通是不是就没有了太多障碍？

无论你怎么努力，都不会让所有人满意

季羡林晚年说过："好多年来，我曾有过一个'良好'的愿望：我对每个人都好，也希望每个人都对我好。只望有誉，不能有毁。最近我恍然大悟，那是根本不可能的。"

我们是不是经常也有这种体会啊？

我发一个朋友圈，希望所有微信好友都给我点赞，结果一看

只有几十个；我发表一篇文章，希望阅读量能过万，结果一查只有几千。我打了一个漂亮的官司，有的客户却认为，那本来就是他应该赢的；我输了官司，有的客户就会把全部责任推给律师。

有一个客户来找我代理一个案件，开始态度非常客气。有一次对方当事人经客户联系后，来律所找我谈和解事宜，我的客户临时有事没有来。我单独会见了那个当事人。那个当事人回去后就对我的客户说，张律师同意我的观点，希望我们和解，你们期望值不要太高，等等。第二天，客户夫妻俩就来到律所，一副质疑问责的架势，非常不客气的样子，甚至怀疑我被那个当事人收买。

我气愤地说，你们可以怀疑我的能力，但是不能怀疑我的人品。

后来，和解当然没有谈成，法院判决也基本符合客户的预期，客户不好意思地向我道歉，我只发了一个笑脸。

有很多案件，无论你多么努力，也不见得都是完美的结局，甚至大大低于客户和你的预期。

每每这个时候，面对败诉的判决，我非常痛苦，客户这么信任我，结果却出乎意料。我想道歉，写忏悔书，挖空心思，找不到理由，只好作罢。

有一天，我看到一个爷孙骑驴的故事：爷爷买了一头驴，让孙子骑着，众人都说，孩子不孝。于是爷爷骑上驴，孙子走着，众人都说，爷爷不疼孩子。于是爷孙二人骑驴，众人都说，爷孙二人虐待动物。于是爷孙抬着驴子，却受到众人的嘲讽。

　　我终于认识到，人到中年，保持一个良好的心态，非常重要，不要太在乎别人的看法和评价，做好自己，无愧于心就行。

　　作为一个男人，一个中年男人，一个中年律师男人，我认为，要想始终保持旺盛的生命力，必须努力做到：我人到中年，但不油腻；我看淡名利，但不佛系。

九十多岁了，
为什么还做律师啊

为了减肥，我从冬天开始夜跑，一直跑到夏天，可谓冬练三九，夏练三伏。可是为什么效果不明显呢？

在我身边，围着留云湖夜跑的人很多，有男的，有女的，有胖的，有瘦的，有老的，有少的，好像都跑得乐此不疲似的。唯有我，边跑边怀疑：这样跑下去究竟管用吗？

一天晚上，我突发奇想，何不做一个调查，问问他们跑步到底有没有作用？

我先是截住一个胖子，问："你这么坚持跑，为什么还是这么胖呢？是不是说明，跑步不管用啊？"

他气喘吁吁地回答："我正是因为太胖，所以才跑步的，如果不跑步，可能会更胖。"

我截住一个瘦子，问："你已经很瘦了，为什么还在跑步啊？

这不是在浪费时间吗？"

他上气不接下气地回答："正是因为我每天坚持跑步，你才可以看见一个瘦子站在你面前，否则我也会成为胖子。"他指指刚刚费力跑过去那个。

我有点失望，为什么胖子和瘦子回答的理由不同，却找到同样的答案：坚持跑步？

这时，一群大妈跑过来，她们正在嘻嘻哈哈、叽叽喳喳地炫耀着什么，人群中有胖的，有瘦的，我截住她们，问："你们跑步是为了什么？你们队伍中，为什么有的还是胖子，有的却是瘦子？"

她们生气地对我说："我们高兴，有钱难买愿意！"她们又嘻嘻哈哈、叽叽喳喳地跑了。

我更加迷惑了：到底是胖子该跑步呢，还是瘦子该跑步呢？

这个夏天特别热，律师大厦旁边工地上在干活的农民工，中午成群地去园区食堂吃饭，我们坐在一起，我问："这么热的天，为什么不休息啊，中了暑怎么办？"

他们乐呵呵地说："哪像你们文化人啊？坐在办公室的空调里上班。我们就是靠拼体力挣钱啊，不干活怎么养家糊口啊？"

我于是想起一个人，有一天晚上有人在虹桥机场排队等出租车的队伍里看见了70多岁的任正非，正拖着行李箱站在人群里。照片发出，引起一时热议。有人说，这是作秀。我反对这种说法，我非常理解这种情况，他肯定有自己的专用司机，可是夜深了，不想麻烦司机而已，自己打个车，图个轻松不行吗？那是心里的轻松。因为他肩上的担子太重了，肩负着民族企业的振兴。

优秀的企业家，其实什么苦都吃过，这点等待算什么？

我在媒体上看见一篇报道，重庆有一位老律师，叫李本茂，2019年92岁了，仍然活跃在法庭上，他是中华人民共和国第一批律师。他为当事人提供法律服务，开出三个条件：不要车接送，自己坐公交车来；安全责任自负；不要任何报酬。他写过一首诗，其中一句：只要我还活着一天，就要为公正和正义呐喊。

我想，我理解了胖子跑步的理由，我理解了瘦子跑步的理由，也理解了这群大妈跑步的理由，不要再问了，跑吧！

一个律师的养生之道

我经常按时下班回家，吃过晚饭，泡上茶，除了看书，就是看电视，很少加班。周末照例去菜市场，回到家可以做一些拿手好菜给家人。我看到周围有的人很忙的样子，每天像打了鸡血似的，就不理解。

我经常在公众号发些文章，诸如执业心得、律师故事、旅游散记。我最近准备出书，苦于没有好的书名，于是在公众号发英雄帖，公开征集。有人就问：张律师，你业务做得这么好，怎么有时间写书呢？我说：对我来说，写作就是一种休闲，忙里偷闲。

其实，我还有一个秘籍，那就是我办事的效率特别高，一直努力把复杂的事情简单化。

俗话说，人的精力是有限的，其实这个说法符合能量守恒定律。世界的总能量保持不变，但是却在不断转化，人的精力和体能是有限的，消耗完了，生命就结束了。我们要用有限的时间和精力，去做更多有意义的事情。适当时候，慢下来，加加油，恢复一下能量，可以更好地工作。

不要做无谓的牺牲和消耗，更不能透支能量，一张一弛，文武之道。

自古以来，多少才华横溢的人物英年早逝，比如天才诗人王勃 26 岁，青年军事家霍去病 23 岁，武术家李小龙 33 岁等，我个人认为，不能不说和透支能量有关。当然也有人会认为，只要名垂青史，哪怕人生短暂。但是，如果天才学会一点养生，会不会生命更长久，社会价值更辉煌？

人，没必要天天绷着神经，紧张兮兮的样子，没必要事事较真，处处钻牛角尖，时刻摆出好斗的架势。可以在不同的环境中，表现出多样的人生。

我发现，我自己在不同的环境下有着不同的智商状态，有时候差距非常大。

如果把我的最高智商打 10 分的话，我在法庭上的智商为 10 分，在办公室为 8 分，在菜市场为 6 分，朋友聚会为 4 分，在自己家里为 2 分，回到老家几乎为 0！

为什么会这样？我想，人在争辩的时候，应该是调动了所有的细胞和智慧，目的就是为了战胜对手。该认真的时候，就得认真。而人一旦回到自己出生的地方，回到父母身边，就完全放松了警惕，成了孩子，甚至是弱智。该放松的时候，就得放松。

《庄子·在宥》篇记述黄帝向广成子求养生之道，广成子说：

"至道之精，窈窈冥冥；至道之极，昏昏默默。无视无听，抱神以静，形将自正。必静必清，无劳女形，无摇女精，乃可以长生。目无所见，耳无所闻，心无所知，女神将守形，形乃长生。"

我们可以辩证地理解这些话。为了长生，我们不可能什么也不想，不看，不做，整天闭目养神吧？但我们可以学习的是，人不能过度消耗能量和透支生命。因为庄子又说："人大喜邪，毗于阳；大怒邪，毗于阴。阴阳并毗，四时不至，寒暑之和不成，其反伤人之形乎！使人喜怒失位，居处无常，思虑不自得，中道不成章。"

庄子养生，也追求复杂的事情简单化。

比如《庄子·外物》讲了一个故事：庄周家贫，向监河侯借粮食，监河侯说，等我拿到了封地的租金，我给你三百金，如何？庄周反而给他讲了一个例子：一天，我发现车辙里有条鲋鱼，鲋鱼求我给它一点水来救活他，我说，好的，我将去拜访吴王和越王，引来西江的水救你，你等着。

庄子其实在告诉监河侯，你简单点，借，就直接拿粮食来，不借，别搞这么复杂，还冠冕堂皇的，直接拒绝就是了。

我在《读者》看到作家杨照写的一篇文章，谈到小提琴演奏的炫技时，他说：真正的技巧，真正的炫技，不是把复杂的乐段演奏得很困难，而是把复杂的乐段演奏得轻松简单，甚至让大家忽略了那是演奏起来很困难的乐段。

高手都是这样的。我们虽然不是高手，但是作为普通人，仍然可以去追求这种境界，少走弯路，少犯错误，事半功倍。

为了提高效率，节省能量，学会养生，把复杂的事情简单化，我建议可以学做"八戒"。

一戒：言之无物，故弄玄虚。

有人喜欢讲话，上瘾，一有机会就刹不住车，口若悬河，滔滔不绝，把人讲得昏昏欲睡，如堕五里雾中，既浪费自己的口舌，还浪费别人的时间。完全可以长话短说，简明扼要。

有的人喜欢把简单的事情复杂化，要么是思路有问题，要么是为了提高服务费用。

二戒：开会时间太长，内容庞杂。

某些单位喜欢开会，某些领导也喜欢开会，仿佛会场才是他们表演的战场，其实很多人把会场当作自己刷领导存在感的地方。

完全可以把会议流程简化，把会议时间缩短，更多的时候用线上替代线下。

三戒：写作长篇大论，条理不清，思路混乱。

一个故事，能写成微型小说，就不要写成短篇小说，能写成短篇小说，就不要写成长篇小说。一个辩护词，一个代理词，尽量条理清晰，逻辑严密，抓住重点，语言凝练。

四戒：办事啰唆，手忙脚乱，没有头绪。

家里来客人了，有人硬着头皮进了厨房，半天一个菜也没端出来，进去看看，厨房乱成了一锅粥。有的人，不用帮忙，两个煤气灶一起用，三下五除二，一会工夫，香喷喷的菜就摆满了桌子，厨房还井井有条。

五戒：加班熬夜，打疲劳战术。

我听说过很多人吐槽自己的老板，喜欢让自己的员工陪着自己加班，晚上没事也加班，随时伺候着，其实要的是一种感觉，不是员工的劳动，这种任性牺牲自己员工休息时间的老板，员工可以毫无遗憾地离开，因为这是在消耗自己的生命。

六戒：狂躁和暴怒，失去理智。

有些人脾气不好，性子急，动不动就上火，发脾气，一句话不合适，就大发雷霆。这在中医上叫作急火攻心，是大忌，对身体健康极为不利。我在法庭上见过很多当事人失去理智，几乎大打出手的，也有律师之间互相攻击和侮辱的。应该学会克制和忍耐，理性对待，有助于保存你的生命能量。

七戒：节日庆典，大操大办，挥霍浪费

有人嫁女儿就可以花费几千万，有人给孩子过一个生日就请上几百桌，公司庆典要排场，请明星助场。勤俭节约，作为中华民族的传统美德，都被抛到九霄云外去了。试想，如果泱泱大国能够培养良好的习惯，该省的省，该俭的俭，那得节省多少资源啊！

八戒：违法犯罪，乱搞不正当男女关系。

在反腐倡廉过程中落马的官员，大多数人都搞过不正当男女关系。最近一则报道披露，某银行的一个领导涉嫌违法违纪，正在接受调查，据他自己透露，他和 32 个女下属有过不正当男女关系。看后，我总结两点：

（1）道德败坏和违法违纪，具有直接因果关系。

（2）即便不坐牢，他的生命也快到头了。

把简单的事情复杂化，只能是作茧自缚，消耗能量，事倍功半。把复杂的事情简单化，才可以提高效率，节省能源，善待生命。

一个律师的自由观（代后记）

好像地球的温度越来越高，夏天越来越热。"这个星球上生物的毁灭，最终因素可能是高温？"我站在杨浦区看守所门前这样想。

我从早晨6点就到了看守所门口，一直就这样流汗，衬衫已经湿透了好几次。

8点30分，终于可以进看守所了。

经过层层关卡的安检和审查，终于见到了其家属疯狂找寻了好几天的犯罪嫌疑人。

他，正值青春，见到我流露出一种好像看到了救世主一样的眼神，流淌着无奈和忏悔的泪水，诉说着对爱妻和孩子的思念之情。

看得出，昨天他还是风光的体面人，今天已是阶下囚，昨天他还可以在野外自由地奔跑，今天已是笼中鸟。

会见结束，他被看守带走了，一步三回头。

我走出凉飕飕的看守所，又回到温暖的人间，深呼吸了一下自由的空气，抬头看一看白云蓝天，深深感悟到人身自由的可贵。

我家社区附近有一个不大不小的菜市场。

我是菜市场的常客，以至于我每次在菜市场一出现，就会引来一片目光。无论是卖青菜的妹子，还是卖肉的小伙子，他们老远就喊："大哥来了！"算是对我的敬意。我没有戴墨镜，看着也不像坏人，为什么喊我大哥？因为我是他们的大客户。

我先是买排骨，小伙子问："这次要几根？一根？两根？烧汤还是红烧？"

"四根！"我豪爽地伸出四根手指。

"好，大块还是小块？"

"不大不小。"我说。

接着是青菜，我一般是每家都要一些，为公平起见，都给他们一点机会。我从来不问价，这个好像大家都知道，这也是大客户的一个标志之一。我看不惯有些买菜的，买一根葱，还讲半天价，结果便宜了一毛钱，满意而去。

他们容易吗？无论天冷，还是天热，无论是过年，还是过节，他们都坚守岗位，没有他们的辛勤劳动，就没有市民的幸福生活。想到这里，就想起母亲，心房就一阵发软。

当然，我每次都是满载而归，起码是备下了一周的伙食，尽管每周都是吃不完就扔，但是在这里，菜市场，我实现了我的财务自由。

我在自由发言的会议场合，往往是一个沉默寡言的人，只是一个安静的听众。会后有人问我："张律师为什么不发表一下高论啊？"大家都七嘴八舌，我根本插不上嘴啊！

我是一个不喜欢抢着说话的人，在人群里，可能听不到我的声音。

可能有人就说了，这样怎么做律师啊？

错！做律师之前，我一直认为，律师在法庭上要抢着说话，吵架又不是我的强项，我可能不适合做律师。后来做了律师，才发现，在法庭上发言是有顺序的，法官会给你机会。

这样，到了我发言的时候，我绝不放过这个机会，逐渐学会了在有限的时间里表达最精准、最强劲的声音。做律师真好！

那么，平时没有人听你说话怎么办？人都有倾诉的欲望，我也不例外。如何实现自己的"言论自由"呢？

写作！

于是第二本书出版了！

我不是在写专业性的文章，比如"建设工程中的实际施工人问题研究""建设工程的优先受偿权操作实务"，比如"合同的风险管理"，比如"婚姻家事疑难问题研究"，比如"科创板上市指南"等，这类书汗牛充栋，比比皆是。我再去写这类书，无非是借鉴别人的成果，甚至东拼西凑，再附一些占据整本书 1/3 页码的法律法规，没有多少创新，甚至可能会千篇一律，我不想干劳民伤财的事情。

我这本书写什么？我写律师应该具备的优良品德，做律师甚至做人，要先修身、养性，这是一切事业的基础，基础牢了，才能走得更远，飞得更高；我写办案的过程以及心得体会，现身说法，给年轻律师提供一些经验和教训；我写律师故事，我写情感世界，让人们了解律师这个职业群体的工作和生活，了解律师也是一个有血有肉的人；我写苦中作乐，律师拼命不都是为了金钱，律师的微笑里还挂着泪花，让人们了解律师光鲜的背后，其实是一个挣扎的世界；我写游记，写感恩，写养生，是想让年轻律师看到这个职业的希望，能够获取一点动力和激情，对工作和生活增加更多的热爱。

这本书，与我的第一本书《平凡之路》的写法完全不同，如果说《平凡之路》是一个律师的一种真实的成长过程，那么这本书就是一种心灵笔记，在体例上是一种散文，每篇都独立成篇，都有自己的主题。形式上看似很杂，其实形散而神不散，都离不开律师的心灵世界。

有些文章是在"智合"——一家知名的法律媒体的公众号上发表过的，其中有的文章反响强烈，转发甚广，阅读量接近四万。有的文章在我的公众号"张刚看法"里发表，只能是小范围地传播。有些文章自始没有发表，一直捂着，在这本书里第一次发表，也算是给我忠实读者的一个惊喜吧！

这本书，和《平凡之路》一样，同样有儿子的插画。儿子在《平凡之路》上的插图是粗糙的、初级阶段的，那时儿子还没出国读书。这本书的插画是儿子在美国攻读插画专业一年后的暑假里完成的。

为了激励儿子好好作画，我对他说："我的文章已经定稿，价值自有评判，而你的前途才刚刚开始，好好学习，日后如果你成为插画大师，我的书可能就会成为畅销书。"

"为什么？"他问。

因为我的书里有你的画啊！你的画升值了，我的书也就升值了。

于是，我们约好，我以后好好工作，写出更好的书，他以后好好学习，画出更好的画，我们可以继续合作，成为最好的书画作者。

感谢好友冬冬为我作序，有人曾劝我找一下大家或大师写序，作品可能更好卖。我不为书能够大卖而写，也不为成为作家而作，只是律师的业余爱好，找一个能够懂我知我的好友写序，更加真实更有真情而已。

感谢我的客户、读者和朋友，你们是我前进的动力，如果《平凡之路》里没有你，这本书里可能有你；如果这本书里没有你，说不定下一本书里有你，就让我们现在开启精彩的人生故事吧！

为了更多、更大的自由！

张刚于上海

2019 年 8 月 18 日